Paul-Werner Scheele

Friede und Freude im Heiligen Geist

Paul-Werner Scheele

Friede und Freude im Heiligen Geist

Meditationen über den, der ganz Gabe und Liebe ist

ECHTER-VERLAG WÜRZBURG
2009

Zum Titelbild

Das Bild stellt die Hand des Noach dar, der aus der Arche heraus die Taube aufnimmt, die mit einem Ölzweig im Schnabel das Ende der Sintflut anzeigt. Das Mosaik ist zugleich ein trinitarisches Symbol: Die Hand des Vaters entsendet und empfängt den Sohn und den Heiligen Geist. Dabei bleiben sie miteinander verbunden. Die Geisttaube überbringt die Olivenzweige, die kreuzförmig zusammengefügt sind. Das weist auf den hin, der sich nach dem Willen des Vaters „kraft des ewigen Geistes als makelloses Opfer dargebracht hat" (Hebr 9,14) und so „Frieden gestiftet hat am Kreuz durch sein Blut" (Kol 1,20).

Bibliografische Information der Deutschen Nationalbibliothek

Die Deutsche Nationalbibliothek verzeichnet diese Publikation in der Deutschen Nationalbibliografie; detaillierte bibliografische Daten sind im Internet über ‹http://dnb.d-nb.de› abrufbar.

www.echter-verlag.de
Umschlag: Peter Hellmund, Würzburg
unter Verwendung eines Bildes von Paul-Werner Scheele
Satz: Hain-Team, Bad Zwischenahn (www.hain-team.de)
Korrektorat: Monika Thaller, Würzburg
Druck und Bindung: fgb · freiburger graphische betriebe GmbH & Co. KG
ISBN 978-3-429-03135-0

INHALT

Vorwort

Wir alle sind in allem auf die Hilfe des Heiligen Geistes angewiesen. Er leistet sie aus nächster Nähe, ist er uns doch näher, als wir uns selber nahe sein können. Umso wichtiger ist es, das klar zu sehen und die entsprechenden Konsequenzen zu ziehen. Die hier vorgelegten Meditationen wollen dazu beitragen. Ihr Grundkonzept entstand Anfang 2008 im syrisch-orthodoxen Kloster St. Ephraim in Saydnaya bei Damaskus. Die einzelnen Meditationen wurden in Exerzitien vorgetragen. Sie verbinden die persönliche Besinnung und die betende Betrachtung mit dem Versuch der Erschließung und Vermittlung. Die dadurch geprägte Form wird auch bei der Publizierung beibehalten. Das geschieht in der Hoffnung, dass sie zu all dem auch die anregen kann, die diesen Meditationen ihre Aufmerksamkeit schenken: dass sie ihrer Besinnung und ihrem Beten dienlich sind und zur Bereitschaft animieren, das Erkannte und Empfangene anderen mitzuteilen. Gerade das Letztere ist deshalb so wichtig, weil wir vieles erst dann wahrhaft empfangen, wenn wir zum Weitergeben bereit sind. Das gilt besonders im Hinblick auf das Wirken des Heiligen Geistes, der ganz und gar Gabe und ganz und gar Liebe ist.

Die Thematik „Friede und Freude im Heiligen Geist" ist dem heiligen Paulus zu verdanken (Röm 14,17). Als ich 1975 zum Bischof geweiht wurde, habe ich meinen Dienst unter diese Worte gestellt. Im Römerbrief markieren sie wesentliche Elemente von Gottes Herrschaft und Reich. Sie gehören somit zu dem, was das A und O Jesu Christi war. Am Anfang seines öffentlichen Lebens steht die Botschaft: „Die Zeit ist erfüllt, das Reich Gottes ist nahe" (Mk 1,15). Das Kommen dieses Reiches ist die Mitte seiner Verkündigung. Seine Gleichnisse erschließen Sinn und Segen des Gottesreichs. Zeitlebens setzt er sich für es ein. Er ist geradezu das Reich Gottes in Person. Der Einsatz für Frieden und Freude gehört daher zum Engagement für das Reich Gottes, zu dem jeder Christgläubige verpflichtet ist. „Wenn wir aus dem Geist leben, dann wollen wir dem Geist auch folgen" (Gal 5,25).

Würzburg, 25. März 2009, Fest der Verkündigung des Herrn

† Paul-Werner Scheele

Die letzte Gabe der Liebe Christi

Ein provozierendes Wort sagt Jesus seinen Jüngern im Abendmahlssaal, kurz bevor er sein Sterbegebet spricht. Früher schon hatte er die Seinen darauf vorbereitet, dass er dem Tod entgegengehe, dass er bald schon von ihnen getrennt werde. Das hatten sie gehört und doch nicht recht gehört, so wie wir es in der Regel selbst dann halten, wenn es um unser eigenes Sterben geht: Was dazu realistisch gesagt wird, kann uns schon beeindrucken und doch verhalten wir uns so, als ginge es uns eigentlich nichts an, jedenfalls noch nicht. Die Jünger konnten es sich auch nicht vorstellen, wie ein Leben ohne Jesus verlaufen würde. Einige hatten alles verlassen, um ihm nachzufolgen. Sie hatten auf den gemeinsamen Wegen unendlich viel von ihm gehört und empfangen. Ein neues Leben hatte mit ihm begonnen. Das alles konnte doch nicht auf einmal vorbei sein.

Und nun konfrontiert Jesus sie mit seinem unmittelbar bevorstehenden Tod. „Jetzt gehe ich zu dem, der mich gesandt hat", sagt er ihnen (Joh 16,5). Nicht irgendwann einmal in ferner Zukunft, nein: Jetzt schlägt die Abschiedsstunde, jetzt wird er von ihnen gehen. Keinen ganzen Tag mehr werden sie zusammen sein. Das musste sie vor den Kopf stoßen, das musste sie traurig machen, das musste sie ratlos machen. In der Tat sind sie todtraurig. Jesus, der sich wie keiner in seine

Mitmenschen hineindenken, ja geradezu in sie hineinversetzen kann, erkennt das sogleich. Er spricht aus, was sie empfinden: „Euer Herz ist von Trauer erfüllt, weil ich euch das gesagt habe" (Joh 16,6). Dennoch mutet er ihnen etwas zu, was ihnen unerhört vorkommen muss. Wenn wir es uns vergegenwärtigen, ist es auch für uns unerhört. Jesus wagt zu sagen: „Es ist gut für euch, dass ich fortgehe" (Joh 16,7). Wie sollten seine Jünger das verstehen? Wie können wir das verstehen? Wankt ihnen nicht der Boden unter den Füßen? Droht nicht eine Welt zusammenzubrechen? Ist nicht alles am Ende, wenn er von ihnen geht?

Müssen wir uns nicht auch sagen: „Was würde es für unser Leben bedeuten, wenn wir nicht nur von Jesus hören würden, sondern ihn leibhaftig in unserer Mitte hätten; wenn wir ihm die Hand geben könnten; wenn wir wahrnehmen dürften, wie er uns voll Liebe anschaut und voll Geduld uns zuhört; wenn wir erleben könnten, wie er uns ganz persönlich anspricht! Sähe nicht unser Leben dann ganz anders aus? Wären nicht ein für alle Mal alle Zweifel und alle Ängste verschwunden? Könnten wir mit dieser Erfahrung nicht fortan allen Anfechtungen widerstehen? Gäben sie uns nicht eine unbesiegbare Kraft und einen neuen, nie mehr erlahmenden Schwung?" Diese Gedanken und Fragen legen sich nah. Es tut uns gut, wenn wir sie nicht gleich beiseiteschieben, wenn wir uns provozieren lassen, d.h. herausfordern lassen aus unserem Alltagstrott. Erst wenn uns klar wird, was der Herr uns zumutet, kann uns bewusst werden, was er uns geben will.

Das macht er sogleich deutlich. Er erklärt den betroffenen Jüngern: „Es ist gut für euch, dass ich fortgehe. Denn wenn ich nicht fortgehe, wird der Beistand nicht zu euch kommen; gehe ich aber, so werde ich ihn zu euch senden" (Joh 16,7). Unser Erlöser verspricht etwas, das für uns bedeutsamer ist, als wenn wir ihn leibhaftig uns gegenüber sehen würden. Er will uns näher sein, als wenn wir ihn vor unseren Augen hätten. Er will nicht nur *bei* uns sein, er will *in* uns sein. Er will nicht nur an unserer Seite sein, sondern in unserer Mitte, in der Herzmitte unserer Existenz. Das alles soll kein Ende haben. Jede leibhafte Begegnung kann der menschlichen Natur entsprechend nur von kurzer Dauer sein. Selbst wenn sie sich über Jahre erstrecken sollte, ist sie eines Tages vorbei. Der Heilige Geist unterliegt dieser Begrenzung nicht. Er kann und er soll immer da sein; ausdrücklich sagt unser Herr: Er soll „für immer bei euch bleiben" (Joh 14,16).

Dafür tut unser Erlöser das Äußerste. Das Fortgehen, von dem er spricht, ist ja etwas anderes, als wenn man von einem Raum in einen anderen oder von einem Land in ein anderes geht. Sein Fortgehen führt ihn geradewegs ans Kreuz. Sein Blut, das er bis zum letzten Tropfen hingibt, ist der Preis, den er für die Mitteilung seines Geistes zahlt. Dass schließlich seine Seite von der Lanze des Soldaten durchbohrt wird und Blut und Wasser herausfließen (Joh 19,34), ist das ergreifendste Symbol seiner Geistmitteilung. Es ist ein Hinweis darauf, dass unser Erlöser sein Letztes, sein Tiefstes, sein Innerstes hergibt, um uns bis zum Äußersten zu lieben. So will er sich für immer mit uns vereinen; so will er uns durch die Gabe des Heiligen Geistes eine bleibende Heilige Kommunion schenken.

Ist uns all das bewusst? Handeln wir entsprechend? Diese Fragen drängen sich auf; wir sollten ihnen nicht ausweichen. Da unser Herr all das für jede und jeden von uns tut, da er sich jeder und jedem ganz persönlich zuwendet, da er jeder und jedem seinen Heiligen Geist schenken will, da er mit jeder und jedem immerzu eine Heilige Kommunion feiern will, kommt es auf unser ganz persönliches Tun an. Fragen wir uns deshalb nicht: „Wie sollte *man* sich eigentlich dem

Herrn gegenüber verhalten?"; fragen wir: „Was sage *ich* dem Herrn angesichts seines Willens, mir seinen Heiligen Geist zu schenken und dafür das Äußerste auf sich zu nehmen? Feiere ich die bleibende Heilige Kommunion mit ihm oder sind mir tausend andere Dinge wichtiger?" Die Antwort darauf kann einem niemand abnehmen.

Möge der Heilige Geist selbst uns dabei helfen, denn ohne ihn können wir nichts. Machen wir uns zu eigen, was der englische Theologe Stephan Langton um 1200 in die Worte fasste:

„Komm herab, o Heilger Geist
der die finstre Nacht zerreißt,
strahle Licht in diese Welt …
Komm, o du glückselig Licht,
fülle Herz und Angesicht,
dring bis auf der Seele Grund.
Ohne dein lebendig Wehn
kann im Menschen nichts bestehn,
kann nichts heil sein noch gesund."[1]

* „Unserem Leben unsagbar nah bist du unserem Erkennen unsagbar fern.
Blind und taub dir gegenüber nehmen wir nur Bruchstücke der Wirklichkeit wahr.
Erst wenn Christus uns die Augen öffnet, sehen wir dich;
erst wenn er das Gehör schenkt, vernehmen wir dich;
erst sein Einsatz bahnt uns den Weg zu dir;
erst sein Wort sagt uns, woher du kommst
und wohin du gehst.
Sein Kreuzestod erschließt uns dein Wesen und Wirken:

1 Gotteslob, Katholisches Gebet- und Gesangbuch, Stuttgart 1975, Nr. 244, 1.5 f.

Du bist die Liebe, die aus der Hingabe des Vaters
und des Sohnes lebt,
du bist die Liebe, die von beiden ausgeht,
du bist die Liebe, die beide verbindet,
du bist die Liebe, die uns geschenkt wird.

Gottes menschgewordener Sohn geht in den Tod,
damit du zu uns kommst.
Seine innerste Kraft
soll auch unsere innerste Kraft werden.
Du bist das Feuer, das er auf die Erde werfen will.
Erleuchte uns, erwärme uns, erfasse uns, entflamme uns."[2]

---

2 P.-W. Scheele, Geistesgegenwart. Die Botschaft des seligen Liborius Wagner, Würzburg 1982, 47.

Liebe und Gabe im Leben des dreieinen Gottes

Was die Gabe des Heiligen Geistes für unser Leben und für die Welt bedeutet, wird einem erst dann voll bewusst, wenn man sich sein ewiges Dasein und Sosein vergegenwärtigt. Der Heilige Geist ist nicht irgendeine der vielen Gaben, die wir unserem Herrn verdanken; er ist die *Gabe aller Gaben,* die Gabe, von der alle anderen Gaben ausgehen; er ist Gott als Gabe.

Wir verdanken diese Gabe dem Kreuzestod unseres Erlösers. Seine Liebe bis zum Äußersten offenbart, dass Gott die Liebe ist. Damit werden wir zugleich auf das Geheimnis des Heiligen Geistes hingewiesen. In Christus und durch ihn offenbart Gott, dass er nicht nur gelegentlich in Liebe handelt; er ist durch und durch und ganz und gar Liebe. Er lebt immerzu in Ganzhingabe. Gottes Liebe ist ohne Anfang und ohne Ende. Der ewige Vater ist seit eh und je so ganz Liebe, dass er alles hingibt, was er ist und was er hat. Aus dieser Ganzhingabe lebt von Ewigkeit her der Sohn. Weil er alles vom Vater empfängt, ist er göttlich groß wie dieser; er ist wirklich „ganz der Vater“. In Ganzhingabe schenkt er alles dem Vater zurück, was er von ihm empfangen hat. So lebt der Vater in ihm und er im Vater. Aus der wechselseitigen Ganzhingabe geht der Heilige Geist hervor, die Liebe in Person.

Als Geist des Vaters und des Sohnes ist der Heilige Geist die personhafte Ganzhingabe. In seiner Enzyklika über den Heiligen Geist im Leben der Kirche und der Welt hat Johannes Paul II. in bewegenden Worten von dieser beglückenden Wahrheit gesprochen. Er schreibt: Der Heilige Geist ist die „ungeschaffene Liebe, die sich verschenkt. Man kann sagen, dass im Heiligen Geist das innere Leben des dreieinigen Gottes ganz zur Gabe wird, zum Austausch gegenseitiger Liebe unter den göttlichen Personen, und dass Gott durch den Heiligen Geist als Geschenk existiert. Der Heilige Geist ist der personale Ausdruck dieses gegenseitigen Sich-Schenkens, dieses Seins als Liebe. Er ist die Liebe als Person. Er ist Geschenk als Person."[3]

Versuchen wir uns bewusst zu machen, was das näherhin bedeutet. Dass der Heilige Geist *„Liebe als Person"* ist, betrifft unser innerstes Sehnen und Suchen. Ob wir es wissen oder nicht, wir sind aus Liebe und für die Liebe geschaffen. Bewusst oder unbewusst strecken wir uns nach ihr aus. Erfahren wir Liebe, macht uns das glücklich; sündigen wir gegen sie, spüren wir die Verletzung, die wir uns und anderen dadurch zufügen. Immer wieder erfahren wir, wie unzulänglich unser Lieben ist. Diese Not kann und will der Heilige Geist wenden. Das ist nicht ein unerfüllbarer Wunsch noch ein schöner Traum, der beim Erwachen vorbei ist; das ist eine realistische Möglichkeit und – wenn wir wollen – eine beglückende Wirklichkeit. Paulus versichert uns das mit den Worten: „Die Liebe Gottes ist ausgegossen in unsere Herzen durch den Heiligen Geist, der uns gegeben ist" (Röm 5,5). Auch hier finden wir in einem Satz das Miteinan-

3 Johannes Paul II., Enzyklika Dominum et vivificantem über den Heiligen Geist im Leben der Kirche und der Welt, Vatikan 1986, n. 10.

der von Lieben und Geben, auf das uns die Namen des Heiligen Geistes Liebe und Gabe hinweisen.

Selbst unsere begrenzte Erfahrung der Liebe sagt uns, dass die Liebe sich nicht darauf beschränkt, einem anderen dies und jenes Gute zu tun, ihn selber aber mehr oder weniger außer Acht lässt. Ein solches Verhalten ist eine Beleidigung des Empfängers. Die Gaben verlieren ihren Wert, wenn man merkt, dass sie einem nicht persönlich zugedacht sind. Wahre Liebe handelt anders. Sie erstrebt und bewirkt *Gemeinschaft.* Dass dies zum Wesen des Heiligen Geistes gehört, zeigt nicht zuletzt sein Name an. Er ist sicher schwerer zu verstehen als die Namen Vater und Sohn. Jeder Mensch kann konkret erfahren, was Vater-Sein und Sohn-Sein bedeuten. Das ist ein existenzieller Zugang zur biblischen Botschaft vom himmlischen Vater und von seinem göttlichen Sohn. Die Worte „heilig“ und „Geist“ sind uns nicht in dieser Weise vertraut. Im Übrigen kann man sie auch auf den Vater und auf den Sohn anwenden, kommt ihnen doch beiden das Heiligsein und das Geistsein zu. Mehr noch: „Geistsein und Heiligsein ist die Wesensbeschreibung Gottes selbst, das, was ihn als Gott kennzeichnet.“[4] Vater und Sohn könnten demnach auch „Heiliger Geist“ heißen. Der Name Heiliger Geist zeigt somit an, was ihn mit dem Vater und dem Sohn verbindet. Das hat seinen tiefen Sinn: „Wenn er mit dem benannt wird, was das Göttliche Gottes, das Gemeinsame von Vater und Sohn ist, dann ist sein Wesen eben dies, communio von Vater und Sohn zu sein. Das Besondere des Heiligen Geistes ist es offensichtlich, dass er das Gemeinsame von Vater und Sohn ist. Seine Besonderheit ist es, Einheit zu sein. Und insofern ist nun gerade der generelle Name ‚Heiliger Geist‘ in seiner

4 J. Ratzinger in: C. Heitmann u. H. Mühlen (Hg.), Erfahrung und Theologie des Heiligen Geistes, Hamburg u. München 1974, 225.

Generalität die höchst angemessene Weise, ihn im Paradox seiner Eigentümlichkeit auszudrücken, die gerade die Gemeinsamkeit ist."[5] Wie wir bekennen dürfen: „Der Heilige Geist ist die Liebe in Person", so gilt auch: „Der Geist ist die Person als Einheit, die Einheit als Person."[6]

Zur Liebe gehört die *Treue.* Sie will eine bleibende Gemeinschaft. Der Heilige Geist bezeugt, dass diese feste, unauflösliche Gemeinschaft im dreieinen Gott gegeben ist. Zugleich ist er die *Gabe,* die den Menschen eine bleibende Gemeinschaft vermitteln kann und soll.

Dass diese Gabe allen Menschen zugedacht ist, zeigt das Gespräch Jesu mit der Samariterin. Diese weiß um die Kluft, die Samariter und Juden trennt. Sie sagt deshalb Jesus, der sie um etwas Wasser gebeten hat: „Wie kannst du als Jude mich, eine Samariterin, um Wasser bitten?" (Joh 4,9). Jesus entgegnet: „Wenn du wüsstest, worin die Gabe Gottes besteht und wer es ist, der zu dir sagt: Gib mir zu trinken!, dann hättest du ihn gebeten, und er hätte dir lebendiges Wasser gegeben" (Joh 4,10). Als sie das auf das Wasser aus dem Brunnen bezieht, sagt ihr Jesus: „Wer von diesem Wasser trinkt, wird wieder Durst bekommen; wer aber von dem Wasser trinkt, das ich ihm geben werde, wird niemals mehr Durst haben; vielmehr wird das Wasser, das ich ihm gebe, in ihm zur sprudelnden Quelle werden, deren Wasser ewiges Leben schenkt" (Joh 4,14). Am Laubhüttenfest, an dem die Priester Wasser aus der Quelle Schiloach schöpfen und damit siebenmal um den Altar ziehen, offenbart Jesus, welche Gabe er den Menschen vermitteln will. Er ruft: „Wer Durst hat, komme zu mir, und es trinke, wer an mich glaubt. Wie die Schrift sagt: Aus seinem Inneren werden Ströme von lebendigem Wasser

5 Ebd.

6 Ebd.

fließen" (Joh 7,37 f.). Der Evangelist fügt hinzu: „Damit meinte er den Geist, den alle empfangen sollen, die an ihn glauben; denn der Geist war noch nicht gegeben, weil Jesus noch nicht verherrlicht war" (Joh 7,39). Auch hier wird bezeugt, dass der Gekreuzigte die Quelle des lebendigen Wassers ist. Überdies verheißt er, dass auch die, die mit ihm im Glauben verbunden sind, Geistquelle werden sollen. „Im Bild der Quelle, des Wassers, das eine Wüste tränkt und verwandelt, das dem Menschen wie eine geheimnisvolle Verheißung begegnet, wird auf eine unaussprechliche und in keiner Reflexion einholbare Weise das Geheimnis des Geistes sichtbar. Im Durst des Menschen und in der Erquickung durch das Wasser zeichnet sich jener unendliche, radikalere Durst ab, der durch kein anderes Wasser zu stillen ist."[7] Nur der Geist Gottes kann diesen Durst stillen. Das geschieht nicht durch eine spektakuläre Machttat, das geschieht durch die Liebe, die sich verschenkt. „Die *Gabe* Gottes ist Gott selbst … Er ist die allein gottgemäße Gabe: Gott schenkt als Gott nichts anderes als Gott, sich selbst und darin alles."[8]

* „Geist der Hingabe, Gabe aller Gaben, Geber aller Gaben.
Vater und Sohn schenken dich uns,
als die größte und schönste aller Gaben.
Alle anderen Gaben haben ihren Wert durch dich,
sie gründen und gipfeln in dir;
sie haben ihr Wesen darin,
dass du in ihnen anwesend bist.

7 A. a. O., 229 f.
8 A. a. O., 231.

Du wirst gesandt und bist Botschaft und Bote zugleich.
Du bist freie Gabe des freien Gottes
und bist selber freigebig.
Du wirst gegeben und gibst selber, gibst dich selber.
In Freiheit schenkst du und auf Freiheit hin.
Den Ichverhafteten, der nur nehmen und haben will,
führst du zur Freiheit des Schenkens und Helfens.
Nicht nur Liebe gibst du, sondern das Lieben selbst.

Schenk uns die Fülle deiner Gaben,
hilf uns, dass wir mit-geben.
Freigebiger, befreiender Geist,
gib uns, was wir zum Leben und zum Lieben brauchen.
Mach uns frei."[9]

---

9 Wie Anm. 2, 55.

Komm, Schöpfer Geist

Im Juli 1944 wurde Pater Alfred Delp verhaftet. Bis zu seiner Hinrichtung am 2. Februar 1945 konnte er mit gefesselten Händen niederschreiben, was ihn bewegte. Tapfere Helferinnen und ein Gefängnisgeistlicher haben die Texte aus dem Gefängnis heimlich herausgebracht. So sind sie uns erhalten geblieben. In seiner Not sucht Alfred Delp die Hilfe des Heiligen Geistes. Er tut das im Anschluss an die Pfingstsequenz „Veni Sancte Spiritus“: „Komm, Heiliger Geist!“ Zur Bitte: „Komm, Licht der Herzen“ notiert er, dass „es sich bei der Begegnung mit dem Geist Gottes um eine Begegnung mitten im Leben handelt und um eine Heilung des Lebens an seinen Quellen und Wurzeln.“ Bewusst oder unbewusst suchen wir alle Begegnung und Heilung, „Begegnung mitten im Leben“ und Heilung des Herzens. Pater Delp fügt hinzu: „Ein Mensch ist soviel Mensch, als er Herz einzusetzen hat und einsetzt. Das heißt, als er liebt. Damit ist ein Schlüssel zum Menschenleben und zur Menschengeschichte gefunden, der viele Rätsel aufschließt.“[10]

Am Anfang seiner Meditation stehen die Worte: „Der Heilige Geist ist der Atem der Schöpfung. Wie der Geist am

10 A. Delp, Im Angesicht des Todes. Geschrieben zwischen Verhaftung und Hinrichtung 1944–1945, hg. v. P. Bolkovac, Freiburg 1958, 127.

Anfang über den Wassern schwebte, so und noch viel intensiver und dichter und näher rührt der Geist Gottes den Menschen an und bringt ihn zu sich selbst und über sich selbst hinaus."[11] Alfred Delp lenkt den Blick zunächst auf die *Schöpfung.* Sie ist ein erster Zugang zum Geheimnis des Heiligen Geistes. Wir tun gut daran, uns dem Pater anzuschließen. Er greift die ersten beiden Sätze der Bibel auf. Sie lauten: „Im Anfang schuf Gott Himmel und Erde; die Erde aber war wüst und wirr, Finsternis lag über der Urflut, und Gottes Geist schwebte über dem Wasser" (Gen 1,1 f.). Wie immer das im Einzelnen zu interpretieren ist, in jedem Fall ist es ein Hinweis darauf, dass Gottes Geist zum Anfang der Schöpfung gehört und zu dem Schöpferwirken, das seit dem Urbeginn in jedem Augenblick geschieht. Er ist der „Atem der Schöpfung", der immerzu nötig ist, damit sie bestehen und sich weiterentwickeln kann. Ein weiteres Symbol des Geistwirkens findet sich ein Kapitel weiter in der zweiten Schöpfungsgeschichte, die älter als die erste ist. Der Schöpfer haucht der aus Erde gebildeten Gestalt den „*Lebensatem*" ein. So wird „der Mensch zu einem lebendigen Wesen" (Gen 2,7). Wie wir es im Credo bekennen, erweist sich der Heilige Geist als Lebenspender; er ist „der Herr", der „lebendig macht". Wo immer wir Leben finden, ist er am Werk. Das Wissen darum lässt den Psalmisten im Blick auf alle Geschöpfe bekennen:

> „Nimmst du ihnen den Atem, so schwinden sie hin
> und kehren zurück zum Staub der Erde.
> Sendest du deinen Geist aus, so werden sie alle erschaffen,
> und du erneuerst das Antlitz der Erde" (Ps 104,29 f.).

11 A. a. O., 122.

Nach der Befreiung von der Übermacht des assyrischen Heeres heißt es in Judits Lobgesang:

> „Herr, du bist groß und voll Herrlichkeit …
> Dienen muss dir deine ganze Schöpfung.
> Denn du hast gesprochen, und alles entstand.
> Du sandtest deinen Geist, um den Bau zu vollenden“
> (Jdt 16,13 f.).

Ähnlich singt der Psalmist:

> „Die Erde ist erfüllt von der Huld des Herrn.
> Durch das Wort des Herrn wurden die Himmel geschaffen,
> ihr ganzes Heer durch den Hauch seines Mundes“
> (Ps 33,5 f.).

Beide biblischen Loblieder können uns helfen, die Frage zu beantworten, die sich einem nahelegt: Wir bekennen den Vater als den Schöpfer des Himmels und der Erde; wir sagen vom Sohn, dass alles durch ihn erschaffen ist; wir singen: „Komm, Schöpfer Geist, kehr bei uns ein.“ Wer ist denn nun genau der Schöpfer? Von wem gilt dieses Wort möglicherweise nur im übertragenen Sinn? Die Antwort heißt: *Der dreieine* Gott ist der Schöpfer aller Dinge. Wörtlich lehrt das Glaubensbekenntnis des Papstes Innozenz III., „dass der Vater und der Sohn und der Heilige Geist, der eine Gott …, der Schöpfer, Erschaffer, Leiter und Lenker ist von allem Körperlichen und Geistigen, Sichtbaren und Unsichtbaren.“[12] Anders gesagt: „Der Vater

12 H. Denzinger, Kompendium der Glaubensbekenntnisse und kirchlichen Lehrentscheidungen, hg. v. P. Hünermann, Freiburg [37]1991, n. 790; zit.: DH.

und der Sohn und der Heilige Geist sind nicht drei Ursprünge der Schöpfung, sondern ein Ursprung."[13]

In diesem gemeinsamen Tun handeln Vater, Sohn und Heiliger Geist auf die speziell ihnen entsprechende *Weise*. Der heilige Augustinus hat das so umschrieben: „Die eine Welt ist geschaffen vom Vater durch den Sohn im Heiligen Geist."[14] Diese Aussage hebt die zuvor gemachte vom einen Ursprung nicht auf, konkretisiert vielmehr, wie der dreieine Gott wirkt. Es ist nicht so, dass die eine göttliche Person dieses und die andere jenes Werk verrichtet, noch trifft es zu, dass jede Person einen Teil des jeweiligen Werkes ausführte. Die eine Dreifaltigkeit ist und bleibt der eine Schöpfer. Wie die göttlichen Personen in ungeschiedenem Miteinander als Einheit in Vielheit leben, so wirken sie auf je persönliche Weise in wesenhafter Einheit.

Der Heilige Geist, das *Band der Liebe* zwischen Vater und Sohn, ist auch das Band der Liebe zwischen Schöpfer und Schöpfung. Er ist es insbesondere als Liebe in Person. *Gottes Schaffen ist Lieben*. Mit dem Buch der Weisheit dürfen wir unserem Schöpfer sagen: „Du liebst alles, was ist, und verabscheust nichts von allem, was du gemacht hast; denn hättest du etwas gehasst, so hättest du es nicht erschaffen. Wie könnte etwas ohne deinen Willen Bestand haben, oder wie könnte etwas erhalten bleiben, wenn es nicht von dir ins Dasein gerufen wäre?" (Weish 11,24 f.). „Denn in allem ist dein unvergänglicher Geist" (Weish 12,1). Von diesem heißt es gleich am Anfang des Buches der Weisheit: „Der Geist des Herrn erfüllt den Erdkreis, und der das All umfasst, weiß jedes Wort" (Weish 1,7). Das Ganze und jeder einzelne Laut ist vom Schöpfergeist umgriffen, erhalten und durchdrun-

13 DH n. 1331.

14 Augustinus, Predigt über das Johannesevangelium 20,9.

gen. Er ist die Musik, die in jedem Wesen schwingt. In Gottes Schaffen wirkt sich aus, was dem Heiligen Geist zu eigen ist: Er ist Mit-teilen, Hingeben, Ja-sagen zum anderen als anderem, ein Ja-sagen, das sich sogleich mit dem anderen in Freiheit zu vereinen sucht. Gott schafft nicht, um etwas zu haben oder zu werden, er schafft um zu schenken.

Wie der Heilige Geist nicht ein einzelner Akt der Liebe ist, der irgendwann aufhört, wie er *immerzu Liebe* ist, so ist Gottes Schaffen immerzu Lieben. Gottes Liebe ist *treu*. Das wird oft verkannt. Viele sind von der Erschaffung der Welt überzeugt; sie sehen in ihr aber nur den Anfang der Dinge; sie erkennen nicht, dass es beim Schaffen Gottes um ein immerzu wirksames Geschehen geht. Gottes Schaffen ist keine abgeschlossene Tat*sache*, es ist ein stetes *Tun*. So bezeugt es die Bibel an vielen Stellen. Im Buch Jesaja lesen wir: „So spricht der Herr, der den Himmel erschaffen, er ist der Gott, der die Erde geformt und gemacht hat – er ist es, der sie erhält" (Jes 45,18). Wiederholt bezeugt der *Psalmist* das immer wieder neue Handeln Gottes in seiner Schöpfung. Im Psalm 29 weist er im Zusammenhang mit einem Gewitter darauf hin. Er lässt es uns gleichsam miterleben und gibt zugleich zu erkennen, dass es nicht irgendein Naturereignis ist, dass vielmehr Gott selber handelt. Er bekennt betend: „Die Stimme des Herrn erschallt über den Wassern. Der Gott der Herrlichkeit donnert. Der Herr über gewaltigen Wassern" (Ps 29,3). Wir werden an den Anfang der Bibel erinnert: Das Über-den-Wassern-Sein des Geistes ist nicht vergangen, auch jetzt ist es Ereignis. Die sich anschließenden Psalmverse zeigen im machtvollen Wirken der Stimme des Herrn, dass nicht nur vom Anfang gilt: „Gott sprach und es ward so." Der Vers 10 lenkt den Blick auf den Herrn, der über alles Gesagte und Geschehene erhaben ist: „Der Herr thront über der Flut, der Herr thront als König in Ewigkeit." Es ist wie nach der Sintflut: Gott thront über den Wassern und bietet seinen Segen an. Entsprechend heißt es im letzten Vers des Psalms: „Der Herr gebe Kraft seinem Volke! Der Herr segne sein Volk mit Frieden" (Ps 29,11). Das Schaffen zu Anbeginn hat nicht aufgehört. Es geht weiter. Der Psalm 104 erinnert uns an die im Buch Genesis berichtete schöpferische Mitteilung des lebenspendenden Geistes, die den Menschen erstehen lässt. In den Augen des Psalmisten betrifft das jeden Menschen. Für sie alle gilt: „Nimmst du den Atem, so schwinden sie hin und kehren zurück zum Staub der Erde. Sendest du deinen Geist aus, so werden sie alle erschaffen" (Ps 104,29 f.).

Im *Neuen Testament* bekunden vor allem Leben und Reden Jesu die Aktualität des göttlichen Wirkens. Die Blumen des Feldes und die Vögel des Himmels sind in seinen Augen Zeugen des je neuen göttlichen Schaffens (Mt 6,26–33; Lk 12,22–31). In der Auseinandersetzung mit denen, die ihn wegen der Heilung eines Gelähmten am Sabbat attackieren, erklärt Jesus: „Mein Vater wirkt bis zur Stunde, und so wirke auch ich" (Joh 5,17). In seiner Areopagrede sagt der Völkerapostel vom Schöpfer, dass er „allen Leben und Atem und alles gibt" (Apg 17,25). Er bezeugt so, dass das Leben, der Hauch des Lebens und das Sein selbst dem steten Wirken des Herrn zu verdanken ist. In tätiger Treue lässt Gott nicht von seinem Schaffen ab. Was Welt und Zeit begründend begann, wird in der ganzen Weltzeit fortgeführt. Nicht am Rande, sondern in der Mitte aller Dinge ist Gottes Geist am Werk. Das lässt Pater Jean-Pierre de Caussade fragen: „Wenn es sich aber so verhält, was steht dann noch im Wege, dass jeder Augenblick unseres Lebens eine Art Kommunion mit der göttlichen Liebe sei, und dass diese Kommunion jeden Augenblick in unserer Seele ebensoviel hervorbringe wie die, welche uns den Leib und das Blut des Gottessohnes anvertraut?“[15] Stellen wir uns dieser Frage. Bitten wir den Heiligen Geist um die rechte Antwort.

* „Nehmen wir die Welt, wie sie ist,
kommen wir mit dir in Kontakt:
Du bist ihr Urgrund, ihr Ursprung, ihre Urkraft.
Gehen wir den Dingen auf den Grund,
sind wir auf dem Weg zu dir, dem Urgrund.
Forschen wir nach dem ersten Anfang von allem,
finden wir dich, den Ursprung.
Alle Energien sind mächtig durch dich, ihre Urkraft.
Wie jeder Mensch, so hat die ganze Welt ihren Lebensatem von dir.
Würdest du ihn nur einen Augenblick entziehen,
wäre es mit allem aus.

Bleibe bei uns, Herr und Lebenspender.
Ohne dich können wir nichts, ohne dich sind wir nichts,
nichts ohne dich.
Hilf uns, in allen Gaben den einen Geber zu suchen und zu finden.
Schenk uns die Gnade, wahrhaft ursprünglich zu leben:
mit dir, unserem Ursprung verbunden,
von dir beseelt und bewegt.
Halte uns, erhalte uns, stärke uns, leite uns.“[16]

---

15 J. P. de Caussade, Hingabe an die göttliche Vorsehung, Einsiedeln [4]1952, 74.

16 Wie Anm. 2, 51.

Komm, Geber der Gaben

Gelegentlich sprechen wir von bestimmten *Gegebenheiten*. Das ist ein geradezu inspiriertes Wort. Genau gesehen gilt es von allem, was es in unserer weiten Welt gibt. Alle Dinge sind Gegebenheiten im tiefsten und schönsten Sinn des Wortes. Es gibt sie, weil der dreieine Gott sie uns gibt. Jedes Ding, jedes Wesen ist ein Geschenk Gottes. In jedem wirkt der Heilige Geist, der Geber aller Gaben. Erinnern wir uns an die Worte Johannes Pauls II.: „Man kann sagen, dass im Heiligen Geist das innere Leben des dreieinigen Gottes ganz zur Gabe wird … und dass Gott durch den Heiligen Geist als Geschenk existiert … Er ist Geschenk als Person."[17] Der Heilige Geist ist „zugleich Liebe und (ungeschaffenes) Geschenk, aus dem wie aus einer Quelle … jegliche Gabe an die Geschöpfe entspringt (geschaffenes Geschenk): das Geschenk der Existenz für alle Dinge durch die Schöpfung; das Geschenk der Gnade für die Menschen durch die gesamte Heilsökonomie."[18]

Konzentrieren wir uns zunächst auf das Geben des Heiligen Geistes in der *Schöpfung*. Durch den Heiligen Geist, die

17 Johannes Paul II., Enzyklika Dominum et vivificantem über den Heiligen Geist im Leben der Kirche und der Welt, Vatikan 1986, n. 10.

18 Ebd.

Gabe in Person, entstehen alle Kreaturen. Weil er das Geschenk nicht zurückzieht, weil er immerzu gibt, haben die Dinge ihren Bestand. Noch etwas ist anders als bei uns. Unser Geben ist ein Abgeben. Wir trennen uns von dem, was wir geben, es gehört uns nicht mehr. Was der Schöpfergeist gibt, wird nicht von ihm getrennt; es gewinnt eine besondere Verbundenheit mit ihm. Wird etwas vom Heiligen Geist ins Dasein gerufen, dann ruft er es zu sich. Zusammen mit seinen Gaben gibt er sich selbst. Hören wir nochmals auf Johannes Paul II. Er lehrt, dass das göttliche Schaffen im Sinn der Bibel „nicht nur den Ruf ins Dasein des Kosmos als solchem" meint, „sondern auch die Gegenwart des Geistes Gottes in der Schöpfung, d. h. den Anfang der heilbringenden Selbstmitteilung Gottes an die Dinge, die er schafft"[19]. Das klingt bereits beim Weisheitslehrer des Ersten Bundes an; er sagt uns: Gott „hat den Tod nicht gemacht und hat keine Freude am Untergang der Lebenden. Zum Heil hat er alles geschaffen, und heilbringend sind die Geschöpfe der Welt" (Weish 1,14). Wer im Garten arbeitet, wer backt oder kocht oder Gemüse schneidet, wer Autos baut oder repariert, wer Computer herstellt oder benutzt, hat es nicht primär mit weltlichen Dingen zu tun, sondern mit Gegebenheiten im eigentlichen Sinn, also mit Gaben, durch die Gottes Geist uns nahe sein will.

Als geschenktes Gut ist alles Sein wesenhaft Verdanktsein. Je höheren Ranges ein Wesen ist, umso mehr ist es verdankt. Es ist also nicht so, dass zum Beispiel die Materie ganz und gar von Gott abhängig ist, Lebendes nicht mehr so viel und Geistiges noch weniger. Das Verdanktsein ist keine Hypothek, die umso mehr getilgt wird, je höher die Seins-Stufe

19 A. a. O., n. 12.

eines Wesens ist. Sie ist eine Mitgift, die umso größer ist, je wertvoller etwas ist und je wichtiger seine Aufgaben sind.

Die sachgerechte *Antwort* auf diese Gegebenheiten lautet: Anbetung und Dank. Zu ihr gehört nicht zuletzt auch der Humor. *Anbetend* nimmt der Mensch sich und die Dinge so, wie sie sind. Er bejaht sein absolutes Verdanktsein und übergibt sich bedingungslos seinem Schöpfer. Vor ihm und vor ihm *allein* neigt er sich: „Nicht nur tief, sondern absolut tief. Nicht nur innerlich, sondern bis in jene innerste Grenze, wo unser Wesen von Gottes Hand gehalten ist. So ganz, wie er es vor keiner Gewalt der Welt tun kann. Vor keinen Naturkräften, mögen sie ihn auch erdrücken. Vor keinen Staatsmächten, mögen sie ihn auch zerstören. Nicht vor Leben und nicht vor Tod – nur vor Dem, der gemacht hat, dass er sei. Die Anbetung drückt unsere Wahrheit aus … Die Anbetung stellt uns immer aufs Neue in die Wahrheit. Sie macht uns gesund, denn nur die Wahrheit macht gesund. Sie macht uns frei, denn nur die Wahrheit macht frei. In ihr erneuern wir uns."[20] Gertrud von le Fort hat diese Zusammenhänge auf den knappen Nenner gebracht: „Ich bete an, darum bin ich." Vor und nach dieser Aussage wird ausdrücklich auf Descartes und seine Devise: „Ich denke, darum bin ich" Bezug genommen.[21] So wird deutlich, dass die der kleinen Jeanette in den Mund gelegten Worte bewusst einer Mentalität entgegengesetzt werden, die den modernen Geist weithin geprägt hat. Mag die bescheidene, ältliche Französin ein etwas verschrumpeltes und denkbar anspruchsloses Mausegesicht-

20 R. Guardini, Gläubiges Dasein. Drei Meditationen, Würzburg ²1955, 35f.

21 G. v. Le Fort, Das Schweißtuch der Veronika I, Der römische Brunnen, München ⁷1948, 141.

chen haben,[22] ihr Leitwort ist realistischer als das ihres berühmten Landsmannes; es ist dazu höchst aktuell, es ist im besten Sinne anspruchsvoll.

Mit der Anbetung ist das *Danken* verschwistert. Es ist nicht eine löbliche Sonderaktion; es ist Wesensvollzug. „Geschöpfsein heißt sich Gott verdanken, es heißt: Dank an Gott sein im Dank-Sagen, und zwar auf Grund dessen, dass Gott seiner, des Menschen, auch und gerade als Schöpfer und in seinem Schaffen gedenkt."[23] Deshalb ist es geboten, „Gott, dem Vater, jederzeit Dank für alles" zu sagen (Eph 5,20). Alle Welt ist dazu verpflichtet. Der Psalmist übertreibt nicht, wenn er singt: „Der Herr ist gütig zu allen, sein Erbarmen waltet über all seinen Werken. Danken sollen dir, Herr, all deine Werke" (Ps 145,8 f.). Bleibt das Danken aus, hat das katastrophale Folgen. Paulus hat das im Römerbrief erschütternd herausgestellt. In seiner Sicht ist der Ausfall des Dankens eine Hauptwurzel des tödlichen Abfalls von Gott. Er schreibt von denen, „die die Wahrheit durch Ungerechtigkeit niederhalten" (Röm 1,18): „Sie haben Gott erkannt, ihn aber nicht geehrt und ihm nicht gedankt." So verfielen sie „in ihrem Denken der Nichtigkeit, und ihr unverständiges Herz wurde verfinstert" (Röm 1,21). Ohne den Geist und die Tat der Dankbarkeit korrumpiert der Mensch hoffnungslos bis in sein Innerstes hinein. Dem Un-dank verfallen wird er zum Un-wesen.

Ernste Geister mögen es übel vermerken, dass in diesem Zusammenhang auch vom *Humor* gesprochen wird. Gleichwohl soll es geschehen. Das absolute Verdanktsein ernstnehmen impliziert nämlich auch dies, dass man sich selbst nicht zu ernst nimmt, und das ist ein nicht unwichtiges Element des Humors. Johannes XXIII. hat es uns vorgelebt. Am Abend des

22 A. a. O., 25.

23 H. Schlier, Besinnung auf das Neue Testament, Freiburg 1964, 113.

Tages, an dem er das Konzil ankündigte, „musste er sich Mühe geben, in den Schlaf zu finden. Der Papst erzählte dazu später, er habe sich schließlich selber befragt: ‚Giovanni, warum schläfst du nicht? Bist du es, der Papst, oder ist es der Heilige Geist, der die Kirche regiert? Es ist ja doch der Heilige Geist, nicht wahr? Dann also schlafe, Giovanni!'"[24] Der allzu früh verstorbene Pariser Seelsorger und Wissenschaftler Jean Steinmann sagte in einer seiner Konferenzen: „Wer Sinn für die Schöpfung hat, weiß, dass er nicht der Absolute, der Weltganze, die Weltmitte ist. Er kann sich nicht mehr selbst zu ernst nehmen. Wie der heilige Franziskus kann er lachen und mit Gelassenheit das Leben poetisch betrachten."[25]

Ein weiteres Element des Humors ist zweifellos auch dies, dass in ihm sonst auseinanderklaffende Gegensätze zur Kontrasteinheit verbunden werden; ebendas macht das Komische eines Wortspiels oder einer humorvollen Situation aus. So wird von Johannes XXIII. berichtet, dass er in Rom das Krankenhaus zum „Heiligen Geist" besuchte, das von Ordensfrauen geleitet wird. „Die Oberin kam, ob dieser Ehre ergriffen, herbeigeeilt und stellte sich vor: ‚Heiliger Vater, ich bin die Oberin vom ›Heiligen Geist‹.' ‚Haben Sie aber ein Glück – ich bin nur der Stellvertreter von Jesus Christus', gab der Papst zurück."[26] Das absolute Verdanktsein ist – unter diesem Aspekt gesehen – ein Hinweis auf das Miteinander des am weitesten Entfernten. Die Schöpfung aus dem Nichts bringt den Allherrn und das Nichts zusammen. Jedes Geschöpf tendiert als solches in seinem Innersten zu Gott und zum Nichts, mit Ernst Hello zu sprechen: „wenn der Mensch an seinen Mittelpunkt rührt", so

24 H. Fesquet, Ich bin ja nur der Papst. Humor und Weisheit Johannes XXIII., Freiburg ^{6}1974, 24f.

25 J. Steinmann, Christentum geht ins Mark, Frankfurt 1969, 40.

26 Wie Anm. 24, 43.

stört er dort das Nichts auf „und das Unendliche".[27] Es ist so, wie es Ludwig von Granada festgehalten hat: „Je länger du lebst, desto mehr wirst du erfahren, dass es auf Erden keine Orte gibt, an denen das menschliche Herz so sehr daheim ist wie in Gott und im Nichts."[28] Das Wissen darum ließ Johannes XXIII. notieren: „Gott ist alles: ich bin ein Nichts. Das genügt für heute."[29] Anders mit Kardinal Bérulle gesagt: „Der Mensch ist ein Nichts, das von Gott umgeben ist."[30] Er ist ein Nichts in der Hand Gottes.

Das richtig erfassen kann zu einem befreienden Lachen führen, das nicht nur gelegentlich bei guter Stimmung aufkommt, sondern selber die durchgängige rechte Grundstimmung bereitet. So wird es möglich, „überreich an Freude" zu sein selbst „bei aller Drangsal" (2 Kor 7,4), wie Paulus es erlebt. Genau das entspricht dem Wesen und Wirken des Heiligen Geistes. Als Geist der Liebe ist er der Geist der Freude. Das Reich Gottes wiederum ist „Friede und Freude im Heiligen Geist" (Röm 14,17).

Was eine Ordensfrau fertigbringt, wenn sie für das Wirken des Heiligen Geistes in der Schöpfung offen ist, zeigt das Leben und Wirken der hl. *Hildegard von Bingen.* Sie hat die Schöpfung im Licht der ersten Worte der Bibel gesehen. In den grundlegenden Kapiteln ihrer Heilkunde schreibt sie: „Der Geist des Herrn, der Feuer und Leben ist, schwebte über den Wassern und hat damals jedweder gestalteten Kreatur das Leben entsprechend seiner Art eingehaucht und mit seinem Einhauch in ihnen das Lebensfeuer entzündet, auf dass

---

27 E. Hello, Worte Gottes, Köln ²1950, 264.

28 A. de la Gorce, Der Heilige der Heimatlosen. Benedict Joseph Labre, Colmar 1952, 123.

29 Wie Anm. 24, 54.

30 Wie Anm. 28, 116.

jedes Geschöpf seinem Wesen entsprechend Feuer und Leben in sich trage ...; jede Kreatur wäre trostlos und verlassen, müsste auseinanderbrechen und zerfallen, wenn sie nicht im Fundament vom Geist des feurigen Lebens gefestigt würde."[31] Diese Überzeugung lässt die begnadete Ordensfrau beten:

„Wenn ich mit offenen Augen betrachte,
was du, mein Gott, geschaffen hast,
besitze ich hier schon den Himmel.

Ruhig sammele ich im Schoß
Rosen und Lilien und alles Grün,
während ich deine Werke preise.

Dir schreibe ich meine Werke zu.
Freude entspringt der Traurigkeit,
und die Freude macht glücklich."[32]

Ihre Erfahrung des Geistwirkens in den Kreaturen lässt sie auf ein weiteres erneuerndes Helfen des Heiligen Geistes hoffen. Das ermutigt sie zu dem Gebet:

„Heiliger Geist,
du belebendes Leben,
Dynamik des Alls und Wurzel der Schöpfung ...
O strahlendes Leben, des Lobes wert,
erwecke und wiedererwecke das All!"[33]

---

31 Hildegard von Bingen, Gott ist am Werk, hg. v. H. Schipperges, Alten u. Freiburg 1958, 26.

32 Gebete der heiligen Hildegard. An den Fenstern des Glaubens, hg. v. W. Storch, Freiburg 1993, 75.

33 A.a.O., 89.

Vom Wirken des Heiligen Geistes in allen Geschöpfen ergriffen betet sie:

„O Feuer des Tröstergeistes,
Leben des Lebens aller Geschöpfe!
Heilig bist du,
du belebst die Gebilde …
Du mächtiger Weg, der alles durchzieht
in Höhen, auf Erden, in allen Tiefen,
du fügest und schließest ja alles in eins.
Durch dich wogen Wolken
und fliegen die Lüfte,
träufeln die Steine
und Bäche entströmen den Quellen,
lässt sprossen die Erde das Grün …
Und darum sei Lob dir,
du Stimme des Lobes,
du Freude des Lebens,
du Hoffnung und mächtiger Ruhm,
weil du die Gaben des Lichtes verleihst.“[34]

34 A. a. O., 87 f.

Der gesprochen hat durch die Propheten (I): Ezechiel

Im Credo bekennt die Kirche, dass der Heilige Geist „gesprochen hat durch die Propheten“. Diese wenigen Worte weisen uns auf einen Neubeginn der Menschheit hin, der bis zur Stunde auch uns zu einem geistigen Neubeginn bewegen kann. In Abermillionen Jahren hat der Heilige Geist in der Schöpfung gewirkt. So sind Pflanzen, Tiere und Menschen entstanden. So kam es zu Hochkulturen in Ägypten, im vorderen Orient, in China. In seiner Liebe wollte Gott die Menschen nicht nur auf kulturelle Gipfel führen; sie sollten nicht nur menschliches Glück erfahren, sie sollten an seiner Glückseligkeit teilhaben. Gott wollte in einer Weise mit ihnen persönlich verbunden sein, die über alle menschlichen Möglichkeiten hinausgeht. In den *Propheten* wird uns das vor Augen geführt. Gott ruft sie aus den Menschen heraus, um sie für die Menschen einzusetzen. Durch ihre *Berufung* will er ein ganzes Volk berufen und zu seinem Volk machen. Gott spricht durch die Propheten und teilt so nicht nur etwas mit, sondern sich selbst. Das durch die Propheten übermittelte Wort ist und bleibt lebendig und wirksam; es ist eine wichtige Hilfe, das Wesen und Wirken des Heiligen Geistes kennenzulernen. Zwei aus ihrer großen Schar stehen uns besonders nahe: Ezechiel und Jesaja. Auf sie wollen wir deshalb schauen, auf sie wollen wir hören.

In der *Berufungsgeschichte* des Ezechiel wird mehrfach das Wirken des Heiligen Geistes erwähnt. Angesichts der überwältigenden Herrlichkeit Gottes, die sich ihm offenbart, stürzt er zu Boden. Er berichtet: „Auf dem, was einem Throne glich, saß eine Gestalt, die wie ein Mensch aussah. Oberhalb von dem, was wie seine Hüften aussah, sah ich etwas wie glänzendes Gold in einem Feuerkranz. Unterhalb von dem, was wie seine Hüften aussah, sah ich etwas wie Feuer und ringsum einen hellen Schein. Wie der Anblick des Regenbogens, der sich an einem Regentag in den Wolken zeigt, so war der helle Schein ringsum. So etwa sah die Herrlichkeit des Herrn aus. Als ich diese Erscheinung sah, fiel ich nieder auf mein Gesicht. Und ich hörte, wie jemand redete. Er sagte zu mir: Stell dich auf deine Füße, Menschensohn; ich will mit dir reden. Als er das zu mir sagte, kam der Geist in mich und stellte mich auf die Füße, und ich hörte den, der mit mir redete" (Ez 1,26–2,2). Umwerfend ist, was Ezechiel erlebt, es schmettert ihn zu Boden. Seine Situation ändert sich von Grund auf, als ihm Gottes Geist geschenkt wird. Er stellt ihn auf die Füße. Er richtet ihn auf. Er stärkt ihn. Er lässt ihn die Stimme Gottes hören und gibt ihm die Möglichkeit, sie zu verstehen. Durch den Geist Gottes wird er fähig, seine *Sendung* zu erkennen und ihr Folge zu leisten. Der Widerstand, der ihm prophezeit wird, soll ihn nicht ängstigen. Er hört die Ermutigung: „Wenn dich auch Dornen umgeben und du auf Skorpionen sitzt, hab keine Angst vor ihren Worten, und erschrick nicht vor ihrem Blick … Du sollst ihnen meine Worte sagen" (Ez 2,6 f.). Dann wird er aufgefordert, die Buchrolle zu essen, die ihm die Hand Gottes entgegenstreckt. Er hört die Worte: „Menschensohn, iss, was du vor dir hast. Iss diese Rolle, und rede zum Haus Israel!" (Ez 3,3). „Menschensohn, nimm alle meine Worte, die ich dir sage, mit deinem Herzen auf, und höre mit deinen Ohren" (Ez 3,10). Nochmals heißt es vom Wirken des Gottesgeistes: „Da hob mich der Geist empor, und ich hörte hinter mir ein Geräusch, ein gewaltiges Dröhnen, als sich die Herrlichkeit des Herrn von ihrem Ort erhob" (Ez 3,12). Ein zweites Mal stürzt der Prophet angesichts der Herrlichkeit Gottes zu Boden. Wiederum heißt es: „Doch der Geist des Herrn kam in mich und stellte mich auf die Füße" (Ez 3,23 f.). Er lässt ihn wissen, dass er mit Stricken gebunden wird und dass es ihm die Sprache verschlägt. Der Geist fügt hinzu: „Wenn ich aber mit dir rede, werde ich deinen Mund öffnen. Dann sag zu ihnen: So spricht Gott, der Herr" (Ez 3,27).

Das also bewirkt Gottes Geist: Er richtet auf; er macht Mut; er spricht an und vermittelt Verständnis; er hilft, die persönliche Berufung zu erkennen und die besondere Sendung wahrzunehmen. Sind das nicht alles Hilfen, die wir gut gebrauchen können, Hilfen, die wir bitter nötig haben?

In seinem Leben ist Ezechiel mehrfach tief in das *Geheimnis des Heiligen Geistes* eingeführt worden. Seine Zeugnisse können uns helfen, die Spuren des Geistes zu entdecken und ihnen zu folgen. In einer hoffnungslosen Lage erlebt Ezechiel ein gigantisches Drama. Hauptakteur ist der Herr und sein Geist. Im Geist wird der Prophet aus seiner Alltagswelt herausgeholt und mitten in ein Totenfeld gebracht. Dort wird er zum qualifizierten Zeugen des Geschehens, in das er hineingenommen wird; überdies wird er als Werkzeug in der Hand des Herrn in dessen Wirken einbezogen. Er übermittelt das schöpferische Wort Gottes und den lebenspendenden Geist. Ezechiel berichtet: „Die Hand des Herrn legte sich auf mich, und der Herr brachte mich im Geist hinaus und versetzte mich mitten in die Ebene. Sie war voll von Gebeinen. Er führte mich ringsum an ihnen vorüber, und ich sah sehr viele über die Ebene verstreut liegen; sie waren ganz ausgetrocknet. Er fragte mich: Menschensohn, können diese Gebeine wieder lebendig werden? Ich antwortete: Herr und Gott, das weißt nur du. Da sagte er zu mir: Sprich als Prophet über diese Gebeine, und sag zu ihnen: Ihr ausgetrockneten Gebeine, hört das Wort des Herrn! So spricht Gott der Herr zu diesen Gebeinen: Ich selbst bringe Geist in euch, dann werdet ihr lebendig. Ich spanne Sehnen über euch und umgebe euch mit Fleisch; ich überziehe euch mit Haut und bringe Geist in euch, dann werdet ihr lebendig. Dann werdet ihr erkennen, dass ich der Herr bin. Da sprach ich als Prophet, wie mir befohlen war; und noch während ich redete, hörte ich auf einmal ein Geräusch: Die Gebeine rückten zusammen, Bein an Bein. Und als ich hinsah, waren plötzlich Sehnen auf ihnen und Fleisch umgab sie und Haut überzog sie. Aber es war noch kein Geist in ihnen" (Ez 37,1–8). Das Unvorstellbare, unmöglich Erscheinende geschieht: Die ausgetrockneten Knochen fügen sich zusammen, neues Fleisch entsteht, Haut kommt hinzu. Menschliche Gestalten stehen starr und steif vor dem Propheten, denn „es war noch kein Geist in ihnen" (Ez 37,8). Wiederum muss der Prophet im Auftrag des Herrn handeln. Was jetzt geschehen soll, ist noch größer als das, was er bisher erlebt hat. Er, der „Menschensohn", soll dem Geist gebieten! Wörtlich heißt es: „Da sagte er zu mir: Rede als Prophet zum Geist, rede, Menschensohn, sag zum Geist: So spricht Gott der Herr: Geist, komm herbei von den vier Winden! Hauch diese Erschlagenen an, damit sie lebendig werden. Da sprach ich als Prophet, wie er mir befohlen hatte, und es kam Geist in sie. Sie wurden lebendig und standen auf – ein großes, gewaltiges Heer" (Ez 37,9 f.).

Häufig hat man das, was Ezechiel erlebt hat, als Prophezeiung der Auferstehung der Toten interpretiert. In manchen Grabmälern hat man das gerade deshalb dargestellt. Damit verkennt man den ursprünglichen Sinn dieser Vision. Noch bevor sie ein Ende nimmt, offenbart der Herr, der sie geschenkt hat, ihren Sinn: Es geht um das *Geschick des Gottesvolkes,* um seine jetzige Not, um seine Heimkehr aus der Gefangenschaft und um das neue Verhältnis zum Herrn. All das bewirkt der Geist des Herrn. Er sagt dem Propheten: „Menschensohn, diese Gebeine sind das ganze Haus Israel. Jetzt sagt Israel: Ausgetrocknet sind unsere Gebeine, unsere Hoffnung ist untergegangen, wir sind verloren. Deshalb tritt als Prophet auf, und sag zu ihnen: So spricht Gott, der Herr: Ich öffne eure Gräber und hole euch, mein Volk, aus euren Gräbern herauf. Ich bringe euch zurück in das Land Israel. Wenn ich eure Gräber öffne und euch, mein Volk, aus euren Gräbern heraufhole, dann werdet ihr erkennen, dass ich der Herr bin. Ich hauche euch meinen Geist ein, dann werdet ihr lebendig, und ich bringe euch wieder in euer Land. Dann werdet ihr erkennen, dass ich der Herr bin" (Ez 37,11–14).

Der Rest des Gottesvolkes, der im Exil lebt, ist am Ende der Kraft. Sie haben alle Hoffnung auf eine gute Wende aufgegeben. Sie haben sich selber aufgegeben. Sie halten sich für verloren. Der Prophet, der diese Not am eigenen Leib erlebt, ist in Gefahr, ähnlich zu denken und sich nicht mehr für sein Volk einzusetzen. Er könnte sich sagen: All das hat doch alles keinen Zweck. Gerade er wird berufen, das Heil zu verkünden, das Gott schenken will. Die Gebeine können sich nicht selbst zu einem Leben verhelfen, Gott kann und will es. Er holt sie aus den Gräbern herauf. Er bringt sie in ihre Heimat zurück. Das geschieht, indem er den Verlorenen seinen Geist einhaucht. Er schenkt neues Leben und ein neues Erkennen. Der Geist Gottes macht möglich, was den Menschen, auch denen des auserwählten Volkes, nicht möglich ist. Er ist nicht nur in den Propheten am Werk, im ganzen Gottesvolk ist er es. Allen dessen Mitgliedern will er Leben und Heil schenken.

Wir tun gut daran, uns das intensiv bewusst zu machen. Das sollten wir vor allem dann tun, wenn wir meinen, in einer hoffnungslosen Lage zu sein. Das mag mit persönlichen Problemen zusammenhängen, es kann aber auch sein, dass die Menschen, für die wir verantwortlich sind, uns bitter enttäuschen, dass sie uns wie ein hoffnungsloser Fall erscheinen. Dann sollten wir wissen: Die Lage mag noch so verzweifelt sein, der Heilige Geist kann selbst Totes zum Leben erwecken. Gott gibt uns nicht auf, tun wir es auch nicht.

Was Gott durch die Totenerweckung versprochen hat, verheißt er aufs Neue in ganz anderen, innigen Bildern. Wiederum geht es um das Wirken des Heiligen Geistes. Zunächst weist der Herr auf das entsetzliche Versagen seines Volkes hin und auf die daraufhin erfolgte Bestrafung: die Vertreibung in andere Länder. Dort fallen sie den Götzen zum Opfer, sie werden unrein, schlimmer noch: ihr Herz versteinert. Sie sind geistig tot. In wenigen Sätzen, die zu den schönsten der ganzen Bibel gehören, wird ihnen Rettung und Heil zugesagt. Gott selber bewirkt das. Er führt sein Volk wieder zusammen. Er gibt ihm Anteil an seinem Geist. Wörtlich heißt es: „Ich hole euch heraus aus den Völkern, ich sammle euch aus allen Ländern und bringe euch in euer Land. Ich gieße reines Wasser über euch aus, dann werdet ihr rein. Ich reinige euch von aller Unreinheit und von allen euren Götzen. Ich schenke euch ein neues Herz und lege einen neuen Geist in euch. Ich nehme das Herz von Stein aus eurer Brust und gebe euch ein Herz von Fleisch. Ich lege meinen Geist in euch und bewirke, dass ihr meinen Gesetzen folgt und auf meine Gebote achtet und sie erfüllt. Dann werdet ihr in dem Land wohnen, das ich euren Vätern gab“ (Ex 36,24–28).

In *drei Aktionen* gibt der Herr seinem Volk neues Leben. In einer ersten bringt er die Zerstreuten wieder zusammen. Er schenkt die Wiedervereinigung des getrennten Gottesvolkes.

Dessen *Einheit* ist und bleibt ein zentrales Ziel des göttlichen Handelns. Die zweite Aktion gilt der *Reinigung* des Volkes von aller Unreinheit, die sie in der Verbannung beschmutzt hat. Das Ausgießen des reinigenden Wassers ist ein Hinweis auf das, was später in der Taufe geschieht. Die dritte Aktion ist die *Geistausgießung*. Sie steht „im Mittelpunkt göttlicher Erneuerung seines Volkes in der anbrechenden Heilszeit. Das einzelne Glied des Volkes wird von diesem Geist durchdrungen und verwandelt. Das Einssein mit dem Gottesgeist ermöglicht dem Menschen und gibt ihm die Kraft, sein Leben nach Gottes Willen zu gestalten“[35]. Gottes Geist soll die innerste Kraft des Erlösten werden, ihr neues Herz, ihr neuer Geist. In den so Beschenkten beginnt ein neues Leben. Fortan haben sie den Willen und die Fähigkeit, Gottes Willen gemäß zu handeln. Sie achten seine Gebote und erfüllen sie. In einem neuen Bund soll in neuer Weise zur Erfüllung kommen, was der Herr in der Bundesformel des Ersten Bundes verspricht: „Ihr werdet mein Volk sein und ich werde euer Gott sein“ (Ez 36,28).

* „Heiliger Geist, Herzmitte Jesu Christi, Herzmitte Gottes.
Du willst, du sollst die Herzmitte unseres Lebens sein,
ein wahrhaft neues Herz,
ganz anders als alles, was in uns und aus uns ist.
Komm zu uns, wohne in uns, bleibe bei uns.

Nichts soll deinem Wirken verschlossen sein,
nichts deinem Einfluss entzogen werden.
Vom Innersten her durchdringe alles bis zum Äußersten.
Wandle alles in uns, mache es neu, heilige es.
Gib, dass wir uns dem Anspruch der Heiligkeit stellen,

35 H. F. Fuhs, Ezechiel II 25–48, Würzburg 1988, 205.

dass wir ihre Herausforderung erfassen;
erfasse du uns, dass wir ihr Folge leisten,
heraus aus uns,
hinein in deine Herrlichkeit.

Lass uns erkennen, was wir zu tun haben,
und schenke die Kraft, es zu vollbringen.
Mach uns immer mehr bewusst,
dass du in jedem von uns das Allerheiligste
im Tempel des Leibes sein willst.
Hilf uns, den Tempel heilig zu halten
und das Allerheiligste anzubeten.“[36]

36 Wie Anm. 2, 57.

Der gesprochen hat durch die Propheten (II): Jesaja

Dass der Heilige Geist durch die Propheten gesprochen hat, zeigt sich besonders im Buch Jesaja. Das Buch Jesus Sirach nennt Jesaja „den großen und zuverlässigen Seher" (Sir 48,22); es sagt von ihm: „Mit großer Geisteskraft schaute er die Zukunft und tröstete die Trauernden in Zion. Für fernste Zeiten verkündete er das Kommende und das Verborgene, bevor es geschah" (Sir 48,24f.). Im Neuen Testament wird er häufiger zitiert als alle anderen Propheten zusammen. Der heilige Hieronymus, der das Buch Jesaja übersetzt und erläutert hat, erklärt im Vorwort zu seinem Jesaja-Kommentar: „Ich will ihn nicht nur als Propheten aufzeigen, sondern auch als Evangelisten und Apostel." Sein Buch enthält „alle Geheimnisse des Herrn. Sowohl die Geburt des Immanuel aus der Jungfrau wird verkündet als auch die Botschaft von dem berühmten Mann, der Zeichen und Wunder tat, der starb und begraben wurde, der aus der Welt des Todes erstand und Heiland aller Völker genannt wird … Alles, was zur Heiligen Schrift gehört, was menschliche Zunge ausgesprochen und der Sinn der Sterblichen erfassen kann, ist in diesem Buch enthalten."[37] So dürfen wir

37 Hieronymus, Commentarium in Isaiam Prophetam, Prologus.

gerade von Jesaja wesentliche Aussagen über den Heiligen Geist erwarten.

Am Anfang seines gesamten Zeugnisses steht seine *Berufung.* Sie wirft Licht auf alle Einzelaussagen des Propheten. Überdies ist sie eine wichtige Hilfe, unsere persönliche Berufung zu erkennen. Deshalb sollten wir sie immer wieder einmal in einer intensiven Besinnung bedenken. Wie bei einer Urkunde ist der Bericht mit dem Datum versehen: Es ist das Todesjahr des Königs Usija 736 vor Christus. Im Tempel von Jerusalem erscheint der Herr dem Propheten. „Jesaja schaut, was sonst verborgen ist. Die Präsenz Jahwes im Tempel, die zugleich die Dimensionen des Tempels sprengt, weil allein schon sein Gewandsaum, der äußerste Rand der Herrlichkeit Gottes, den ganzen Raum ausfüllt. Er durchbricht menschliche Raum- und Vorstellungsgrenzen, entzieht sich dadurch auch jeglicher Verfügbarkeit."[38] Der Prophet wird Zeuge der himmlischen Liturgie. Er berichtet: „Serafim standen über ihm. Jeder hatte sechs Flügel: Mit zwei Flügeln bedecken sie ihr Gesicht, mit zwei bedeckten sie ihre Füße und mit zwei flogen sie. Sie riefen einander zu:

Heilig, heilig, heilig ist der Herr der Heere.
Von seiner Herrlichkeit ist die ganze Erde erfüllt.

Die Türschwellen bebten bei ihrem lauten Ruf, und der Tempel füllte sich mit Rauch" (Jes 6,2–4). Angesichts der Herrlichkeit Gottes erkennt Jesaja sich als Sünder. Er weiß sich dem Tod verfallen, denn nach der Aussage des Buches Exodus (33,20) kann kein Mensch Gott sehen und am Leben bleiben. In seiner Todesnot bekennt Jesaja: „Weh mir, ich bin verloren. Denn ich bin ein Mann mit unreinen Lippen und lebe mitten in einem Volk mit unreinen Lippen, und meine Augen haben den König, den Herrn der Heere, gesehen"

38 R. Kilian, Jesaja 1–12, Würzburg 1986, 48.

(Jes 6,5). Einer der Serafim, die er zuvor in der nächsten Nähe des Herrn gesehen hat, fliegt von dort zu ihm hin. Er trägt in seiner Hand eine glühende Kohle, die er mit einer Zange vom Altar genommen hat. Er berührt damit den Mund des Sehers und sagt: „Das hier hat deine Lippen berührt: Deine Schuld ist getilgt, deine Sünde gesühnt" (Jes 6,7). Was der Mensch aus eigener Kraft nicht gewinnen kann, schenkt ihm Gott: Er gewährt ihm Verzeihung, er reinigt seinen Mund und erfüllt so die Bitte des Psalmisten, die zurecht am Anfang unseres Stundengebetes steht: „Herr, öffne meine Lippen, damit mein Mund dein Lob verkünde" (Ps 51,17).

Den so Begnadeten hat der Herr für besondere Aufgaben ausersehen. Voraussetzung für deren Übertragung ist, dass dieser seine Bereitschaft bekundet. Er tut es. Er selber berichtet: „Danach hörte ich die Stimme des Herrn, der sagte: Wen soll ich senden? Wer wird für uns gehen? Ich antwortete: Hier bin ich, sende mich!" (Jes 6,8). Dem „Ich bin da" des Herrn, dem „Hier bin ich" Gottes, antwortet das „Hier bin ich" des Berufenen. Daraufhin nimmt der Herr ihn in sein Wirken hinein. Wir tun gut daran, unserem Herrn genau das aufs Neue zu sagen: „Hier bin ich, sende mich!"

Zur Sendung des Propheten und seiner Schüler gehört die *Ankündigung des Messias und seines Reiches* (Jes 11,1–16). Damit ist die Sendung des Heiligen Geistes verbunden. Wie Ezechiel weiß auch Jesaja um die Not des Gottesvolkes. Er schildert sie im Bild eines vernichteten Waldes.

„Die mächtigen Bäume werden gefällt,
und alles, was hoch ist, wird niedrig.
Das Dickicht des Waldes wird mit dem Eisen gerodet"
(Jes 10,33 f.).

Der Wald ist am Boden zerstört. In dieser allem Anschein nach hoffnungslosen Lage bahnt sich gerade unten auf dem Boden ein wunderbarer Neuanfang an.

„Aus dem Baumstumpf Isais wächst ein Reis hervor,
ein junger Trieb aus seinen Wurzeln bringt Frucht“
(Jes 11,1).

Unser Weihnachtslied „Es ist ein Ros entsprungen“ ist von diesen Versen inspiriert:

„Es ist ein Ros [das ist ein Rosenstock] entsprungen
aus einer Wurzel zart,
wie uns die Alten sungen,
von Jesse kam die Art;
und hat ein Blümlein bracht
mitten im kalten Winter
wohl zu der halben Nacht.“[39]

Der unbekannte Autor, der uns im 16. Jahrhundert dieses Lied geschenkt hat, sieht in der „Frucht“, von welcher der Prophet spricht, Maria und ihren Sohn; sie ist der Rosenstock, er ist die Rose:

„Das Blümelein so kleine,
das duftet uns so süß;
mit seinem hellen Scheine
vertreibt's die Finsternis,
wahr' Mensch und wahrer Gott,
hilft uns aus allem Leide,
rettet von Sünd und Tod.“[40]

---

39 Wie Anm. 1, Nr. 132,1.

40 Wie Anm. 1, Nr. 132,3.

Der Prophet sagt von der Frucht des jungen Triebes:
„Der Geist des Herrn lässt sich nieder auf ihm:
der Geist der Weisheit und der Einsicht,
der Geist des Rates und der Stärke,
der Geist der Erkenntnis und der Gottesfurcht“ (Jes 11,2).

Bis dahin hat der Geist Gottes da und dort in einzelnen Personen gewirkt. Jetzt wird er sich mit dem Einen für immer verbinden; er lässt sich auf ihm nieder; er bleibt für immer bei ihm; er gibt ihm alles, was er nötig hat, um den Menschen wirksam zu helfen. Was er gibt, entspricht seiner Eigenart: Als Geist der Weisheit und der Einsicht gibt er die auf das Ganze ausgerichtete Weisheit und die auf das rechte Tun bezogene Einsicht; als Geist des Rates und der Stärke schenkt er die Begabung, auch anderen den besten Rat zu geben, und selber mit eigener Kraft das Eingesehene in die Tat umzusetzen. Als Geist der Erkenntnis und der Gottesfurcht verleiht er die Erkenntnis Gottes und zugleich die rechte Einstellung ihm gegenüber.

Im Anschluss an die alte lateinische Übersetzung, die eine weitere Gabe nennt, spricht man von den *sieben Gaben des Heiligen Geistes.* Dabei geht es nicht um eine Einzelaufzählung diverser Gaben, sondern um deren Fülle. Über die Jahrhunderte hinweg haben die sieben Gaben des Heiligen Geistes die Theologie und das Frömmigkeitsstreben intensiv beschäftigt. Auch Schwester *Julitta Ritz* hat lange über sie nachgedacht. In ihrem Heft „Hin zu Gott“ hat sie Wichtiges darüber aufgezeichnet.[41] Realistisch gibt sie den Hinweis: „Diese Gaben des Heiligen Geistes kann man sich nicht getrennt voneinander denken; vielmehr greifen sie ineinan-

41 Schwester Maria Julitta Ritz, Unser Weg, hg. v. P.-W. Scheele, Würzburg 1989, 73–99.

der, fördern und vervollkommnen einander."[42] Ihr Ziel ist ein „Leben in Gott, mit Gott und für Gott"[43]. Bei ihrer Betrachtung der sieben Gaben des Heiligen Geistes gibt Schwester Julitta einen bedenkenswerten Ratschlag. Sie schreibt: „Hättest du einen Begleiter, der dich an leiblichen und geistigen Vorzügen weit übertrifft, der zu seinen und deinen Gunsten mit dir spricht, der dich berät und dir hilft und selbst vollbringt, wozu dir deine Kraft gebricht, einen Begleiter, an den du dich jeden Augenblick in deinen zeitlichen und seelischen Angelegenheiten wenden kannst, einen Begleiter, der dich mit Geduld und Ausdauer erträgt, weil er nur dein Bestes im Auge hat, – wie würdest du einen solchen beständigen Begleiter hochschätzen! Wie wärest du ihm dankbar ergeben! Wie würdest du vorsichtig alles vermeiden, was ihn, deinen besten Freund, betrüben könnte. Ein solcher Begleiter, ein solcher Führer und Freund deiner Seele ist in Wirklichkeit der Heilige Geist, der in dir wohnt und lebt und wirkt und ununterbrochen an deiner Heiligung tätig ist, der unendlich mehr nach deiner Heiligung verlangt, als du nach ihr Verlangen tragen kannst."[44]

Vom geisterfüllten Friedensbringer spricht auch das erste *Lied vom Gottesknecht* (Jes 42,1–9). Es beginnt mit den Worten:

> „Seht, das ist mein Knecht, den ich stütze;
> das ist mein Erwählter, an ihm finde ich Gefallen.

42 A. a. O., 73f.
43 A. a. O., 93.
44 A. a. O., 96.

Ich habe meinen Geist auf ihn gelegt,
er bringt den Völkern das Recht.
Er schreit nicht und lärmt nicht
und lässt seine Stimme nicht auf der Straße erschallen.
Das geknickte Rohr zerbricht er nicht,
und den glimmenden Docht löscht er nicht aus …
Er wird nicht müde und bricht nicht zusammen,
bis er auf der Erde das Recht begründet hat“ (Jes 42,1–4).

In der Kraft des Geistes, der ihm für immer verliehen wird, nimmt der von Gott Erwählte seinen Auftrag wahr. Er tut es in einer Art und Weise, die dem stillen Wirken des Heiligen Geistes entspricht. Er macht nicht durch Lärm und Geschrei auf sich aufmerksam; seine Energie gilt ganz denen, die Hilfe brauchen. Er erbarmt sich der Angeschlagenen, die wie ein geknicktes Rohr sind, und richtet sie auf. Wenn das Feuer der Liebe fast erloschen ist, wendet er sich nicht ab; er tut alles, damit es aufs Neue aufflammt. Er entdeckt auch dort noch Reste des Guten, wo andere die Hoffnung aufgegeben haben; er fördert es und weckt neues Leben. Durch das Wirken des Geistes ist der Gottesknecht „Bund für mein Volk und Licht für die Völker“ (Jes 42,6). In ihm lebt der Bund, der so oft schon verraten wurde; zugleich wirkt er über die Grenzen des Bundesvolkes hinaus in aller Welt. Insbesondere erweist sich der Heilige Geist als Geist des Lichtes, der Wahrheit und der Freiheit: Der Gottesknecht hat den Geist empfangen, um „blinde Augen zu öffnen, Gefangene aus dem Kerker zu holen und alle, die im Dunkel sitzen, aus ihrer Haft zu befreien“ (Jes 42,7).

Diese und weitere Gaben werden *dem Gesalbten Jahwes* zugeschrieben, der im Kapitel 61 dargestellt wird. Es ist der Text, den Jesus im Sabbatgottesdienst in der Synagoge von Nazaret vorliest und mit den Worten auslegt: „Heute hat sich das Schriftwort, das ihr eben gehört habt, erfüllt" (Lk 4,21). Die ersten beiden Sätze sind wie ein Vorzeichen, das allen folgenden Einzelaussagen ihren besonderen Wert verleiht. Sie lauten: „Der Geist Gottes, des Herrn, ruht auf mir; denn der Herr hat mich gesalbt. Er hat mich gesandt" (Jes 61,1). Dreifach wird das bleibende Wirken des Gottesgeistes angezeigt: (1) Der Geist tritt nicht dann und wann dem Erwählten zur Seite, er ruht auf ihm, er bleibt bei ihm. (2) Durch die heilige Salbung ist eine andauernde Verbundenheit grundgelegt und angezeigt. (3) Das Leben und Wirken des Gesalbten geschieht im Zeichen seiner Sendung, seiner andauernden Beauftragung. Der Text aus dem Buch Jesaja ist ausführlicher als die Zitierung im Lukasevangelium. Er nimmt näher Bezug auf die damalige Situation des Gottesvolkes; er betont noch stärker das Element der Freude, das zu den wesentlichen Eigenschaften und Gaben des Heiligen Geistes gehört.

In der Kraft des Gottesgeistes verkündet der Gesalbte: „Er hat mich gesandt, damit ich den Armen eine frohe Botschaft bringe und alle heile, deren Herzen zerbrochen ist, damit ich den Gefangenen die Entlassung verkünde und den Gefesselten die Befreiung, damit ich ein Gnadenjahr des Herrn ausrufe, einen Tag der Vergeltung unseres Gottes, damit ich alle Trauernden tröste, die Trauernden Zions erfreue, ihnen Schmuck bringe anstelle von Schmutz, Freudenöl statt Trauergewand, Jubel statt Verzweiflung" (Jes 61,1–3).

Den Mitgliedern des Gottesvolkes gilt die besondere Verheißung: „Ihr alle werdet ‚Priester des Herrn' genannt, man sagt zu euch: ‚Diener des Herrn'" (Jes 61,6). Es soll geschehen, was Gott am Sinai beim Bundesangebot zugesagt hat: „Ihr sollt mir als ein Reich von Priestern und als ein heiliges Volk gehören" (Ex 19,6). Am Beginn des letzten Buches der Bibel wird die volle Erfüllung dieser Verheißung angezeigt. Der Seher sagt von unserem Erlöser: „Er hat uns zu Königen gemacht und zu Priestern vor Gott, seinem Vater" (Offb 1,6). Das wird in uns Wirklichkeit, wenn wir uns von diesem Geist ergreifen, beseelen und bewegen lassen.

* „Keine Kraft, keine Macht kann so wie du Getrenntes zusammenführen und Unterschiedliches verbinden.

Führe uns hin zu Jesus Christus,
nimm alles weg, was uns von ihm trennt,
bringe uns zusammen.
Lass uns ihn nicht aus den Augen verlieren,
lass uns ganz Ohr sein für das, was er uns sagt.
Mache uns fähig und bereit, ihm kompromisslos zu folgen.
Gib uns Ausdauer auf dem Weg, den er uns vorangeht.

Alles, was er gesagt und getan hat, ist von dir inspiriert.
In deiner Kraft hat er sich für uns geopfert.
Inspiriere auch uns und was wir sagen und tun.
Stärke uns, mach uns tapfer und treu.
Verbinde uns für immer und in allem mit unserem Herrn.
Lass uns ein Herz und eine Seele werden, ein Leib und ein Geist."[45]

45 Wie Anm. 2, 65.

Empfangen durch den Heiligen Geist

Schritt um Schritt haben wir versucht, dem Geheimnis des Heiligen Geistes näher zu kommen. Jetzt stehen wir vor einem einzigartigen *Höhepunkt* seines Wirkens. Johannes Paul II. sagt von ihm: „Empfängnis und Geburt Jesu Christi sind das Größte vom Heiligen Geist in der Schöpfungs- und Heilsgeschichte vollbrachte Werk: die höchste Gnade – ‚die Gnade der Einigung' als Quelle jeder anderen Gnade."[46] Dreimal am Tag erinnert uns der Angelus an dieses Geschehen. In der Tat hängt jeder Tag unseres Lebens mit ihm zusammen. Wir leben in seinem Licht, uns kommt immerfort zugute, was damals seinen Anfang nahm.

Das geschieht in aller Stille in einem Winkel der Welt, der nicht im besten Ruf stand. Verächtlich spricht man vom „Galiläa der Heiden". Nazaret ist ein kleines, nur wenigen bekanntes und nicht gerade hochgeschätztes Dorf. Erinnern wir uns an die kritischen Worte Natanaels: „Nazaret? Kann von dort etwas Gutes kommen?" (Joh 1,46). Der Herr, der die Kleinen und Geringen besonders liebt, beginnt gerade dort die Erneuerung der ganzen Welt. Vertreterin der gesamten Menschheit ist ein junges Mädchen namens *Maria*. Ihr Alter

46 Wie Anm. 3, n. 50.

wird nicht angegeben. Da sie noch nicht verheiratet ist, dürfte es 14, 15 Jahre nicht überschritten haben. Zweimal wird sie in einem einzigen Vers ausdrücklich Jungfrau genannt. Von ihr heißt es: „Sie war mit einem Mann namens Josef verlobt" (Lk 1,27). Unser deutsches Wort „verlobt" gibt ihren Stand nicht genau wieder. Damals war es im jüdischen Volk üblich, dass ein Ehevertrag geschlossen wurde, der ein Paar rechtlich aneinanderband, auch wenn man noch nicht zusammenlebte. Das geschah erst nach der Feier der Hochzeit, die in der Regel ein Jahr nach Abschluss des Ehevertrags begangen wurde.

Der Engel Gabriel tritt bei Maria ein und sagt: „Sei gegrüßt, du Begnadete, der Herr ist mit dir" (Lk 1,28). Diese Worte bedeuten viel mehr, als es beim oberflächlichen Hören erscheint. Im griechischen Urtext steht als Erstes das Wort χαῖρε, *„freue dich!"* Das ist ein üblicher griechischer Gruß. Jetzt erhält er einen tiefen Sinn. Er lässt an den Freudengruß denken, den der Prophet Zefanja dem Gottesvolk entbietet:

„Juble, Tochter Zion!
Jauchze, Israel!
Freu dich, und frohlocke von ganzem Herzen,
Tochter Jerusalem! …
Der Herr, dein Gott, ist in deiner Mitte,
ein Held, der Rettung bringt.
Er freut sich und jubelt über dich,
er erneuert seine Liebe zu dir,
er jubelt über dich und frohlockt,
wie man frohlockt an einem Festtag" (Zef 3,14.17).

Beim Propheten Sacharja heißt es im Blick auf den kommenden Friedenskönig:

„Juble laut, Tochter Zion!
Jauchze, Tochter Jerusalem!
Siehe, dein König kommt zu dir.
Er ist gerecht und hilft“ (Sach 9,9).

In jedem Fall entspricht das Wort χαῖρε, freue dich! der Frohbotschaft, die anschließend verkündet wird, und dem in ihr bezeugten Wirken des Heiligen Geistes, der wesenhaft Geist der Liebe und der Freude ist.

Maria ist *die „Gnadenerfüllte“*, sie ist, wie wir im Ave Maria beten, „voll der Gnade“. Sie lebt in innigster Gemeinschaft mit dem Herrn. Er ist mit ihr. „Gruß und Anrede sind getragen von diesem An-Wesen Gottes bei der Gegrüßten und Angeredeten; sie bekommen von hier aus ihren tiefen Sinn … Der Herr ist Maria schon nahe, begnadigend und beschützend zur Seite. Und er wird es weiterhin sein.“[47] „Dass der Herr mit ihr ist, gehört so sehr zu ihrem Wesen, dass es anders gar nicht gedacht werden kann: Seit ihrem Werden in Gottes ewigen Gedanken ist sie nicht anders gedacht worden als in Begleitung des Herrn, in Gemeinschaft mit dem Herrn. Sie selbst wusste nicht, dass der Herr so sehr in ihr war; er aber wusste, dass er ihr ewiger Begleiter war.“[48] Bevor das Wunder der Menschwerdung durch den Heiligen Geist geschieht, ist dieser schon bei ihr. Das Konzil lehrt, dass Maria „gewissermaßen vom Heiligen Geist gebildet und zu einer neuen Kreatur gemacht“ wurde.[49] Der Heilige Geist bereitet sie vom ersten Augenblick ihres Lebens an auf ihre Sendung vor. Er bewahrt sie vor der Sünde. Er ermöglicht ihre Jungfräulichkeit. „Die ganze Begrüßung ist nicht so sehr

47 H. Schürmann, Das Lukasevangelium, Erster Teil, Leipzig 1970, 45.
48 A. v. Speyr, Magd des Herrn. Einsiedeln ^{2}1969, 31.
49 II. Vatikanisches Konzil, Kirchenkonstitution n. 56.

die Bereitung einer neu geschaffenen Situation, als der Ausdruck einer schon lange bestehenden, die durch die Worte nur näher bestimmt wird. Der Engel stellt Maria ihre Lage dar. Er schafft diese Lage nicht erst. Sie gelangt durch den Gruß in Besitz eines Wissens um sich; aber sie selber erscheint dabei als bereits im Auftrag des Herrn stehende."[50]

Maria „erschrak über die Anrede und überlegte, was dieser Gruß zu bedeuten habe" (Lk 1,29). Sie praktiziert etwas, was bei uns meistens zu kurz kommt. Wir hören die Frohbotschaft, dass Gott mit uns, ja sogar in uns sein will, und tun, als sei das selbstverständlich. Wir lassen dieses Wunder gar nicht an uns herankommen. Wir leben weiterhin in den Tag hinein, als wäre nichts passiert. Wir denken in der Regel zu wenig über das nach, was Gott uns schenkt bzw. schenken will. Das hat zur Folge, dass wir viel zu wenig davon erkennen und erst recht zu wenig daraus leben. Wichtigstes geht so an uns vorbei. Es tut uns gut, in die Schule Mariens zu gehen. Was sie bei der Verkündigung macht, begegnet uns auch in ihrem weiteren Leben. Im Weihnachtsevangelium berichtet Lukas: „Maria aber bewahrte alles, was geschehen war, in ihrem Herzen und dachte darüber nach" (Lk 2,19). Im Anschluss an das, was sie mit dem 12-jährigen Jesus erlebt hat, „bewahrte sie alles, was geschehen war, in ihrem Herzen" (Lk 2,51). Maria ist offen für das, was um sie herum und was in ihr geschieht. Sie lässt es nicht vorüberrauschen, sie nimmt es sich zu Herzen. Sie fragt sich, was Gott ihr damit sagen will. So ist sie bereit für die einzigartige *Botschaft des Engels.*

Im Namen Gottes sagt er ihr: „Fürchte dich nicht, Maria; denn du hast bei Gott Gnade gefunden. Du wirst ein Kind empfangen, einen Sohn wirst du gebären: dem sollst du den Namen Jesus geben. Er wird groß sein und Sohn des Höchs-

---

50 Wie Anm. 48, 30.

ten genannt werden. Gott, der Herr, wird ihm den Thron seines Vaters David geben. Er wird über das Haus Jakob in Ewigkeit herrschen, und seine Herrschaft wird kein Ende haben" (Lk 1,30–33). Der Engel lässt sie wissen, dass Gott sie berufen hat, Mutter des Messias zu werden. Was er den Propheten verheißen und insbesondere dem Haus Davids versprochen hat, soll in ihr erfüllt werden. Ihrem Sohn soll sie den Namen Ja-schua bzw. Je-schua geben, das heißt Jahwe ist Heil, ist Rettung, ist Erlösung. Er wird „Sohn des Höchsten" (Lk 1,32) genannt werden und zugleich Sohn Davids sein: „Gott, der Herr, wird ihm den Thron seines Vaters David geben" (Lk 1,32).

Daraufhin fragt ihn Maria: „Wie soll das geschehen, da ich keinen Mann erkenne?" (Lk 1,34). „Die Frage wird so schlicht, so demütig gestellt, dass man versucht ist, in ihr mehr ein Wort der Bewunderung als eine Bitte um Erklärung zu sehen. Es handelt sich um ein jungfräuliches Wort, das mit der bedächtigen Treuherzigkeit eines Mädchens gesprochen wird. ‚Das' ist ohne jeden Zweifel die Mutterschaft: ein kleiner Junge ist Maria angekündigt, ein allerliebstes Kind, ein wahrer Sohn seines Vorfahren David und des Herrn seines Gottes … Welche Gunst, eine solche Mutter zu werden! Aber, sagt sie sich weiter, ist das Gott bei mir möglich, die ich so unbedeutend bin und die ich so bleiben wollte, wie ich bin? ‚Da ich keinen Mann erkenne', gesteht sie im Vertrauen. Sie ist sehr aufgeweckt und kennt die Lebensprobleme. Sie weiß sehr wohl, dass sie ein kleines Menschenkind zur Welt bringen kann; sie weiß aber auch, dass hierzu ein Mann beitragen muss. Sie hat sich aber keinem hingegeben: sie sagt es klipp und klar mit dem richtigen Wort."[51]

51 R. Bernard, Das Mysterium Jesu, Bd. 1, Freiburg 1959, 226 f.

In der Antwort Gabriels erreicht seine Frohbotschaft ihren Höhepunkt. Der Engel offenbart gleicherweise *das Wirken des Heiligen Geistes* und die Gottessohnschaft des angekündigten Kindes. Er sagt: „Der Heilige Geist wird über dich kommen, und die Kraft des Höchsten wird dich überschatten. Deshalb wird auch das Kind heilig und Sohn Gottes genannt werden" (Lk 1,35). Der Heilige Geist erweist sich bei der Menschwerdung des Gottessohnes als Geist der Gabe, der Liebe und der Gemeinschaft. Im dreieinigen Leben existiert der Heilige Geist als *Gabe.* Er ist „Geschenk als Person."[52] Seinem Wesen gemäß wirkt er bei dem einzigartigen Geschenk, das der Vater der Menschheit macht. Von ihm heißt es im Johannesevangelium: „Gott hat die Welt so sehr geliebt, dass er seinen einzigen Sohn hingab, damit jeder, der an ihn glaubt, das ewige Leben hat" (Joh 3,16). Von dieser Liebe überwältigt schreibt Paulus den Römern: Gott „hat seinen eigenen Sohn nicht geschont, sondern ihn für uns alle hingegeben – wie sollte er uns mit ihm nicht alles schenken?" (Röm 8,32). Mit der Gabe des Sohnes sind alle anderen Gaben verbunden, die der Vater durch den Heiligen Geist uns Menschen schenkt. Der Heilige Geist ist der Geist der *Liebe.* Er ist die Frucht der Liebe des Vaters und des Sohnes. In ihm wird das innere Leben des dreieinen Gottes „zum Austausch gegenseitiger Liebe unter den göttlichen Personen"[53]. Er ist die „ungeschaffene Liebe, die sich verschenkt"[54]. In hingebender Liebe gibt er den Sohn Gottes und durch ihn sich selbst in die Menschheit hinein. So entsteht eine neue *Gemeinschaft* zwischen Gott und den Menschen. Sie lebt als ewige Einheit von Gottheit und Menschheit im fleischgewor-

52 Wie Anm. 3, n. 10.

53 Ebd.

54 Ebd.

denen Gottessohn. Sie lebt als feste, unerschütterliche Gemeinschaft des dreieinen Gottes mit Maria in einem ewigen Bund. Sie soll von Christus und seiner Mutter ausgehend allen Menschen geschenkt werden, die sich von der Liebe Gottes erfassen lassen und sie erwidern.

Das geschieht in der Jungfrau Maria in vorbildlicher Weise. Das zeigen die wenigen Worte, die sie dem Engel sagt: „Ich bin die Magd des Herrn; mir geschehe, wie du es gesagt hast" (Lk 1,38). Das Konzil spricht im Blick auf ihr *Fiat* von einem „empfangenden Ja"[55]. Damit wird auf die kürzeste Weise das Miteinander von göttlicher Gnade und menschlichem Einsatz zum Ausdruck gebracht. „‚Mir geschehe nach deinem Worte' ist die einfachste Formel der Verbindung von Gnade und Freiheit. Maria hätte Gott antworten können: ‚Tue, wolle es!' Das hätte aber den freien Willen des Geschöpfes beeinträchtigen können. Sie hätte auch sagen können: ‚Ich will'; doch das hieße den Akzent auf das Geschöpf verschieben. ‚Mir geschehe!' bringt zwei Dinge in Übereinstimmung: die Zustimmung des Geschöpfes und die Vorherbestimmung Gottes."[56] Die Kirchenväter scheuten sich nicht, das Glaubensja Mariens noch höher zu preisen als das Faktum der leiblichen Gottesmutterschaft. So lesen wir beim heiligen Augustinus: „Maria war seliger, den Glauben an Christus zu erhalten, als das Fleisch Christi zu empfangen … Ihre Mutterschaft hätte Maria nichts genützt, wenn sie nicht glücklicher gewesen wäre, Christus in ihrem Herzen zu tragen als in ihrem Fleisch."[57] Das kann uns bewusst machen, was unser Glaubensja bedeutet und was es fordert.

---

55 Wie Anm. 4.

56 J. Guitton, Die Jungfrau Maria, Kolmar 1959, 236 f.

57 Augustinus, De sancta virginitate III.

Das Glaubensja Mariens forderte *Mut.* Bedenken wir: Maria konnte wissen, „dass die Strafe der Steinigung über Frauen kam, die außer der Ehe ein Kind erwarteten und damit den Ehebruch bewiesen (3 Mos 20,10; Joh 8,5). Sie wusste: Joseph würde sie nicht mehr verstehen können … Ja, um dieses Gesetzes willen musste er sich von ihr trennen.“[58] Nicht dieses Wissen war für sie maßgebend, sondern das empfangene Gotteswort. Wie Abraham wagte sie „gegen alle Hoffnung“ zu hoffen (Röm 4,18). „Er zweifelte nicht im Unglauben an der Verheißung Gottes, sondern wurde stark im Glauben und lobte Gott, fest überzeugt, dass Gott die Macht hat, zu tun, was er verheißen hat“ (Röm 4,21). Solcher Art ist Mariens Jawort. Als echte Tochter Abrahams stellt sie sich dem Ruf des Herrn. Sie ist ganz offen für das göttliche Wirken, das alle ihre Vorstellungen übersteigt. Sie stellt sich ohne Wenn und Aber zur Verfügung. Bei ihrem Fiat sagt Maria „mit ihrem ganzen Leib und ihrer ganzen Seele Ja, ohne zu unterscheiden, wieviel sie hingibt und wieviel Gott von ihr nehmen wird. Ihre Hingabe ist unbegrenzt. Sie überlegt nicht, ob sie etwas zurückerhält, sie berechnet die Summe dessen nicht, was sie verliert. Ihr Ja ist nichts als Ja.“[59] „Als Wort der Gnade ist ihr Jawort in besonderer Weise eine Tat des Heiligen Geistes, in dessen Wirkung sie Geist und Leib an Gott verschenkt. Der Geist, der sie überschatten wird, ist schon in ihr, und er ist es, der ihr erlaubt, das Jawort mit ihm zusammen zu sprechen. Bei der Überschattung wird der sie durchflutende Geist auf den schon in ihr vorhandenen Geist treffen und das Ja Mariens wird wie eingeschlossen sein in ein Ja des Geistes, eingehüllt in den Heiligen Geist aber wird

58 B. Schlink, Maria. Der Weg der Mutter des Herrn, Darmstadt 1960, 17.

59 A. v. Speyr, Das Wort und die Mystik, 1. Teil, Einsiedeln 1970, 23.

es zu einem wahren, freien, selbständigen Wort ihres eigenen Geistes."[60]

Das Fiat Mariens gibt ihrem ganzen Leben und Wirken *Richtung und Kraft*. „Wie eine Garbe in der Mitte zusammengefasst wird und sich an ihren Enden entfaltet, so wird das Leben Mariens in ihrem Jawort zusammengefasst; von ihm aus erhält es seinen Sinn und seine Gestalt und entfaltet sich nach rückwärts und nach vorwärts. Das einmalig Zusammenfassende ist zugleich das, was sie jeden Augenblick ihres Daseins begleitet, was jede Wendung ihres Lebens beleuchtet, jeder Lage ihren besonderen Sinn verleiht … Jedem Atemzug, jeder Bewegung, jedem Gebet der Mutter des Herrn gibt ihr Jawort den Vollsinn."[61] „Sobald sie Ja gesagt hat, hat ihr Leben die bewusste und ausgeprägte Form des Jaworts, und alles andere rückt in die Abhängigkeit davon. Das aber heißt, dass ihr Jawort die Form eines Gelübdes hat."[62] Im Jawort Mariens ist uns ein Schlüssel gegeben, *Sinn und Segen der Gelübde* besser zu verstehen und bewusster zu leben. Mit Adrienne von Speyr können wir festhalten: „Das Jawort ist ein Gelübde des Gehorsams, ebensosehr wie der Keuschheit und der Armut. Es enthält in seinem einzigen Verzicht einen dreifachen Verzicht: Denn im einen Jawort entäußert sich die Mutter all des Ihrigen für Gott und die Menschen. Ihr Jawort selbst fällt mit dem Gehorsam zusammen; wenn sie das Jawort als Lebensform wählt, wählt sie den Gehorsam als ihr Leben. Sie wird dabei auch ihres Leibes entäußert. Sie hat ihn, wie alles, Gott geschenkt und kann darüber nicht mehr selbst verfügen, ihn daher auch nicht mehr einem Menschen schenken. Sie könnte aber mit ihrem Leib

60 Wie Anm. 48, 8.

61 A. a. O., 7.

62 A. a. O., 10.

nicht vollkommen dienen, wenn sie nicht zugleich alles, was sie besitzt, in diesen Dienst hineinstellte. Alles, was ihr Eigen ist, wird von der Aufgabe in Anspruch genommen werden. Indem sie sich selber für die Aufgabe zur Verfügung stellt, stellt sie damit zugleich und notwendig auch alles, was sie hat, zur Verfügung. Die Totalität des Jaworts fordert es so."[63] Ihr Sein ist ein *Ja-Sein* und wird es immer mehr. Genau das ist auch unsere Berufung. Bitten wir den Heiligen Geist, dass uns das immer klarer wird und dass wir in seiner Kraft unser Jawort sprechen und leben!

* „Sag uns dein Wort, erleuchte uns mit deinem Licht,
stärke uns durch deine Kraft,
dann können wir folgen, dann werden wir dir folgen.
Wohin immer du uns rufst, wir folgen,
ob es nach links geht oder nach rechts,
nach oben oder unten,
vorwärts oder zurück.
Wen du uns anvertraust, wer uns herausfordert,
was du uns auferlegst,
was immer zu tun oder zu lassen ist,
wir folgen.
Ob du durchs Dunkel führst oder ins Licht hinein,
durch Täler oder auf Höhen, in die Wüste
oder auf fruchtbaren Boden,
ob du im Sturm zu uns sprichst oder in der Stille,
wir folgen.
Wann, wo und wie immer du uns rufst,
durch das Tor des Todes zu treten,
wir folgen.

63 A. a. O., 11.

Lass uns in diesem wichtigsten Augenblick unseres Lebens
ganz geistesgegenwärtig sein,
damit wir es ewig sind,
ganz dein Werk, ganz dein Werkzeug,
ganz dein Eigentum,
ganz dein Heiligtum.
Amen, Halleluja."[64]

64 Wie Anm. 2, 71.

Der Geist Christi

Wenn wir wissen wollen, wie der Heilige Geist wirkt, müssen wir auf unseren Herrn Jesus Christus schauen. Seit seine Mutter ihn vom Heiligen Geist empfangen hat, ist sein ganzes Leben *vom Heiligen Geist beseelt*. Er trägt und prägt sein Denken und Reden, er inspiriert sein Beten, er führt ihn zu den Orten seines Wirkens, er stärkt ihn in seinem Leiden, kraft des ewigen Geistes bringt Christus sich Gott als makelloses Opfer dar (Hebr 9,14). Durch den Heiligen Geist erweckt der Vater den Gekreuzigten vom Tod. Der Auferstandene ist nicht nur mit dem Vater, sondern auch mit dem Heiligen Geist in neuer Weise verbunden. Fortan gehört auch die menschliche Natur, die der ewige Sohn angenommen hat, zum Leben und Wirken des Vaters und des Heiligen Geistes. Mehrere Stellen der Heiligen Schrift weisen uns ausdrücklich darauf hin, dass der Heilige Geist der Geist Christi ist. Dadurch, dass er aufs innigste mit Jesus Christus verbunden ist, ist er es auch mit uns. Wenn uns etwas von seinem Wirken in unserem Erlöser aufgeht, dürfen wir wissen, dass dies zugleich alle betrifft, die Glieder seines Leibes, der Kirche sind. Die innerste Herzenskraft Jesu wirkt als Seele der Kirche in allen, die zu ihm gehören.

Wie der Anfang des irdischen Lebens Jesu, so steht auch der *Beginn seines öffentlichen Wirkens* im Zeichen des Heiligen Geistes. Am Anfang dieses Neubeginns steht die Taufe Jesu im Jordan. Alle Evangelisten bezeugen es. Folgen wir dem Zeugnis des heiligen Lukas. Er berichtet: „Zusammen mit dem ganzen Volk ließ auch Jesus sich taufen. Und während er betete öffnete sich der Himmel und der Heilige Geist kam sichtbar in Gestalt einer Taube auf ihn herab, und eine Stimme aus dem Himmel sprach: Du bist mein geliebter Sohn, an dir habe ich Gefallen gefunden" (Lk 3,21 f.).

Vielen hatte der Prophet aus dem Herzen gesprochen, als er die Worte wagte:

„Uns geht es, als wärest du nie unser Herrscher gewesen,
als wären wir nicht nach deinem Namen benannt.
Reiß doch den Himmel auf, und komm herab,
so dass die Berge zittern vor dir" (Jes 63,19).

Dass der Himmel verschlossen erscheint, wird als Ursache der menschlichen Not angesehen. Die Wende geschieht, wenn der Himmel sich öffnet. Ebendas vollzieht sich im Zusammenhang mit der Taufe Jesu. Die erhoffte Endzeit, die zugleich Zeit des neuen Anfangs ist, bricht an. „Wie der verschlossene Himmel zeichenhaft die Trennung zwischen Gott und Mensch darstellt, die ein Erlöschen des prophetischen Wirkens zur Folge hat, so kündet sein Auftun vom Anbruch einer neuen Gnadenzeit."[65] Vom geöffneten Himmel her fällt Licht auf das, was mit der Taufe beginnt. Jesus selber erscheint gleichsam als der geöffnete Himmel in Menschengestalt, als der für immer geschenkte „Himmel auf Erden".

Dieser ganz neue Anfang steht wie der Urbeginn der gesamten Schöpfung (Gen 1,1 f.) *im Zeichen des Heiligen Geis-*

65 Chr. Schütz in: Mysterium Salutis, Bd. III/2, hg. v. J. Feiner u. M. Löhrer, Einsiedeln 1969, 59.

tes. Die neu anbrechende Heilszeit ist wesenhaft Zeit des Heiligen Geistes. Er wirkt in Jesus und durch ihn. Er senkt sich auf ihn herab, um von ihm aus allen zuteil zu werden, die mit Jesus verbunden sind. Alle sollen es wissen: Dieser Jesus ist der, von dem der Täufer gesagt hat: „Er wird euch mit Heiligem Geist und mit Feuer taufen" (Lk 3,16). „Und Johannes bezeugte: Ich sah, dass der Geist vom Himmel herabkam wie eine Taube und auf ihm blieb. Auch ich kannte ihn nicht; aber er, der mich gesandt hat, mit Wasser zu taufen, er hat mir gesagt: Auf wen du den Geist herabkommen siehst und auf wem er bleibt, der ist es, der mit dem Heiligen Geist tauft. Das habe ich gesehen, und ich bezeuge: Er ist der Sohn Gottes" (Joh 1,32–34).

Aus dem offenen Himmel herab ist zu hören: „Du bist mein geliebter Sohn, an dir habe ich Gefallen gefunden" (Lk 3,22). Wie die Stimme des Vaters Wesentliches aus dem geöffneten Himmel vermittelt, so tut dies auch die Herabkunft des Heiligen Geistes. „Derselbe Geist der unendlichen Liebe, in dem er im Schoße der Heiligsten Dreifaltigkeit zum Vater ‚Vater' sagt, und derselbe Geist der unendlichen Liebe, in dem er im Schoße der Heiligsten Dreifaltigkeit den Vater umarmt und sich ihm schenkt mit allem, was er ist und was er hat, derselbe Geist der unendlichen Liebe bewegt jeden seiner Gedanken, jeden seiner Willensentschlüsse, jedes seiner Worte, jeden seiner Schritte, jede seiner Handlungen."[66]

Ein krasses Beispiel dafür gibt uns der Evangelist Lukas. Zunächst hält er fest, dass Jesus „vom Heiligen Geist erfüllt" die Jordangegend verlässt. Dann berichtet er: „Darauf führte ihn der Geist 40 Tage lang in der Wüste umher, und dabei wurde Jesus vom Teufel in *Versuchung* geführt" (Lk 4,1). Wenn man sich die Gefährdung Jesu durch die Versuchung vergegenwär-

66 Th. Soiron, Das Geheimnis des Gebetes, Freiburg 1937, 68.

tigt und die Finesse bedenkt, mit welcher der Teufel vorgeht, könnte man erwarten, dass ein böser Geist Jesus in diese Lage gelockt oder getrieben hätte. Indes steht nicht nur geschrieben, dass der Heilige Geist Jesus in die Wüste brachte, sondern dass er ihn 40 Tage lang in dieser umherführte und Jesus genau dabei der Versuchung ausgesetzt war. Offenkundig wirkt der Heilige Geist auch dort, wo man es nicht erwartet. Er verlässt Jesus nicht. Er ist auf der Höhe und in den Tiefen bei ihm. So wecken die *40 Wüstentage* Jesu eine positive Erinnerung an die 40 Jahre, die das Gottesvolk auf dem Weg in die Freiheit in der Wüste verbrachte. Während es mehrfach den Versuchungen zum Opfer fällt, bleibt Jesus in ihnen souveräner Sieger. Dreimal hält er dem Versucher Worte der Bibel entgegen. Auf die Aufforderung an den Hungernden, Steine in Brot zu verwandeln, antwortet er: „Der Mensch lebt nicht vom Brot allein, sondern von jedem Wort, das aus Gottes Mund kommt" (Mt 8,3/Dtn 8,3). Dem Angebot, alle Macht und Herrlichkeit der Welt zu bekommen, wenn er vor dem Versucher niederkniet und ihn anbetet, widersteht Jesus mit den Worten: „Vor dem Herrn, deinem Gott, sollst du niederfallen und ihm allein dienen" (Lk 4,8/Dtn 5,9; 6,13). Die Versuchung, sich vom Tempel zu stürzen, sich von Engeln tragen zu lassen und so durch ein Showwunder die Menschen zu gewinnen, weist Jesus mit den Worten zurück: „Du sollst den Herrn, deinen Gott, nicht auf die Probe stellen" (Lk 4,12/Dtn 6,16). Indem Jesus *Worte der Bibel* gebraucht, ist er auf eine weitere Weise mit dem Heiligen Geist verbunden, ist die gesamte Heilige Schrift doch von diesem inspiriert; sie ist nach der Lehre des Konzils „unter dem Anhauch des Heiligen Geistes aufgezeichnet worden"; alles, was die inspirierten Verfasser sagen, gilt daher „als vom Heiligen Geist ausgesagt"[67].

67 II. Vatikanisches Konzil, Offenbarungskonstitution n.11.

Unmittelbar im Anschluss an seinen Bericht über die Versuchung Jesu in der Wüste schreibt Lukas: „Jesus kehrte, erfüllt von der Kraft des Heiligen Geistes, *nach Galiläa zurück* … So kam er auch nach Nazaret, wo er aufgewachsen war, und ging, wie gewohnt, am Sabbat in die Synagoge" (Lk 4,14.16). Hier offenbarte er sich seinen Landsleuten. Er tat es im Anschluss an das Zeugnis des Propheten Jesaja, mit dem wir uns bereits vertraut gemacht haben. Jesus rückt das vom Propheten überlieferte und in die Zukunft weisende Wort in die Gegenwart. Nicht irgendwann einmal sagt Jesus, nein: „*Heute* hat sich das Schriftwort, das ihr eben gehört habt, erfüllt" (Lk 4,21). „Hier und jetzt wird wahr, was der Prophet verheißen hat. Von mir hat er gesprochen, vom Geheimnis meines Lebens und von dem, was mir aufgetragen ist. Was ich zu tun habe, ist mir vom Heiligen Geist übertragen worden. Er ist die Gabe, die mir für immer zugedacht ist. Er ruht auf mir, er bleibt bei mir, er befähigt und verpflichtet mich zu meinem Werk. Was ich sage und tue, habe ich ihm zu verdanken. Er schickt mich zu den Menschen, die Hilfe brauchen." Stellvertretend für sie nennt er mit den Prophetenworten die Armen, die Gefangenen, die Blinden, die Zerschlagenen. Für sie ist er da, ihnen soll geholfen werden, ihnen wird geholfen. Die wenigen Worte des Jesaja sind das *Kernprogramm Jesu*. Sie kennzeichnen sein Wollen und Wirken. An seiner Seite erleben die Jünger, wie er das immer mehr wahr macht. Umso mehr erstaunt es sie, dass er ausgerechnet sie *in sein Wirken einbeziehen* will. Das muss ihnen zunächst unmöglich erscheinen. Sie erlebten doch hautnah, was er fertigbrachte. Sie wussten: „Das kann keiner von uns, selbst wenn wir uns noch so sehr anstrengen." Sie hatten recht. Niemand wusste das besser als Jesus. Zugleich wusste er, dass durch den Heiligen Geist möglich wird, was ohne ihn nicht möglich ist. So sandte er 72 von ihnen zu zweit „in alle

Städte und Orte, in die er selbst gehen wollte" (Lk 10,1). Er verschweigt nicht, dass dies eine anspruchsvolle, ja eine gefährliche Aufgabe ist. Unverblümt sagt er ihnen: „Geht! Ich sende euch wie Schafe mitten unter die Wölfe. Nehmt keinen Geldbeutel mit, keine Vorratstasche und keine Schuhe" (Lk 10,4). Man hätte verstehen können, wenn er angesichts der Gefährdung den Rat gegeben hätte, sich besonders vorzusehen, sich gut auszurüsten, um den Feinden gegenüber gewappnet zu sein. Jesus will es anders. Wie er als Armer den Armen und den Wehrlosen als Wehrloser geholfen hat, sollen auch seine Jünger es tun. Dann können sie seinem Auftrag gerecht werden: „Heilt die Kranken, die dort sind, und sagt den Leuten: Das Reich Gottes ist nahe" (Lk 10,11). Jesus verspricht seinen Jüngern auch nicht, dass alles gut gehen wird. Er lässt sie nicht im Unklaren darüber, dass es Häuser und Städte gibt, die sie nicht aufnehmen werden. Das soll sie nicht daran hindern, auch den Menschen, die ihnen das antun, zu verkünden: „Das Reich Gottes ist nahe" (Lk 10,11). Es ist für alle da.

Mögen die Jünger vor Angst und Sorge ausgezogen sein, am Ende kehren sie *voller Freude* zurück. Sie haben erfahren, wie beglückend es ist, wenn man entscheidende Wahrheiten verkünden und wichtige Hilfen schenken kann. Ihnen war aufgegangen, dass wir immer mehr empfangen, als wir selber zu geben vermögen. Begeistert berichten sie: „Herr, sogar die Dämonen gehorchen uns, wenn wir deinen Namen aussprechen" (Lk 10,17). Offenkundig haben sie den Schutz des Herrn und die Macht seiner Botschaft erfahren. So großartig das ist, ungleich gewaltiger und beglückender ist, dass sie für immer in der Liebe des Vaters geborgen sind. Deshalb legt ihnen Jesus ans Herz: „Freut euch nicht darüber, dass euch die Geister gehorchen, sondern freut euch darüber, dass eure Namen im Himmel verzeichnet sind" (Lk 10,20).

Unmittelbar im Anschluss an diese Ereignisse wendet sich Jesus an den himmlischen *Vater.* Seine bewegenden Worte bilden einen „Höhepunkt der Offenbarung der synoptischen Evangelien“[68]. Wir haben hier das einzige Gebet vor uns, das von den drei ersten Evangelisten aus dem öffentlichen Leben Jesu vor seiner Passion überliefert ist. Es geschieht in der Kraft des Heiligen Geistes. Der Evangelist berichtet: „In dieser Stunde rief Jesus, vom Heiligen Geist erfüllt, voll Freude aus: Ich preise dich, Vater, Herr des Himmels und der Erde, weil du all das den Weisen und Klugen verborgen, den Unmündigen aber offenbart hast. Ja, Vater, so hat es dir gefallen. Mir ist von meinem Vater alles übergeben worden; niemand weiß, wer der Sohn ist, nur der Vater; und niemand weiß, wer der Vater ist, nur der Sohn und der, dem es der Sohn offenbaren will“ (Lk 10,21 f.).

Zunächst spricht Lukas *vom Heiligen Geist.* Er gehört wesentlich zum Gebet wie zum Zeugnis Jesu. Dessen Hinwendung zum Vater wie der Lebens- und Erkenntnisaustausch der beiden geschehen im Heiligen Geist. „Er zitterte vor Freude im Heiligen Geist“, übersetzt Marie-Joseph Lagrange[69]. Erneut zeigt sich: „Der Geist der Liebe ist zugleich der Geist der Freude, das Wort der Liebe ist zugleich Wort der Freude.“ Das Amen zum Wollen und Wirken des Vaters, das Jesus spricht, ist ein freudiges Zustimmen. Die Vateranrede Jesu wird durch Gebetsworte ergänzt, die dem jüdischen Volk geläufig waren. In ihrer Mitte steht das *„Ja, Vater,* so hat es dir gefallen“ (Lk 10,21). Damit wird eine Rede- und Gebetsweise aufgegriffen, die dem gläubigen Juden vertraut war.

68 X. Léon-Dufour, Die Evangelien und der historische Jesus, Aschaffenburg 1966, 476.

69 M.-J. Lagrange, Das Evangelium von Jesus Christus, Heidelberg 1949, 333.

Dieses Ja zum Willen des Vaters wird einem in seinem Ernst erst voll bewusst, wenn man sich vergegenwärtigt, dass es angesichts schmerzlicher Misserfolge gesprochen wird, ist die Hilfe für die „Armen“ und „Kleinen“ doch auf dem Hintergrund der Ablehnung Jesu durch die „Reichen“ und „Großen“ zu sehen. Jesus nimmt dieses Kreuz auf sich, weil der Vater es so will. Er tut dies weder wehleidig noch murrend, er spricht und lebt sein „Amen“ uneingeschränkt, konsequent und „voll Freude“.

Noch weiter führt das Zeugnis Jesu über *das Verhältnis von Vater und Sohn*. „Niemand weiß, wer der Sohn ist, nur der Vater, und niemand weiß, wer der Vater ist, nur der Sohn und der, dem er es offenbaren will“ (Lk 10,22). In seiner Heiliggeist-Enzyklika hat Johannes Paul II. diese Worte aufgegriffen und Wegweisendes dazu gesagt. Der Papst schreibt: „Was bei der Gotteserscheinung am Jordan sozusagen ‚von außen‘, ‚von oben‘ kam, kommt hier ‚aus dem Innern‘ aus der Tiefe dessen, was Jesus ist. Es ist dies eine weitere Offenbarung des Vaters und des Sohnes, die geeint sind im Heiligen Geist. Jesus spricht nur von der Vaterschaft Gottes und der eigenen Sohnschaft; er spricht nicht direkt vom Geist, der Liebe ist und darum Vater und Sohn verbindet. Was er jedoch vom Vater und von sich selbst, dem Sohn, sagt, entspringt nichtsdestoweniger aus jener Fülle des Geistes, die in ihm ist, die sich in sein Herz ergießt, sein ‚Ich‘ selbst durchdringt und sein Wirken von innen her anregt und belebt. Von daher jener ‚Jubel im Heiligen Geist‘. Die Einheit Christi mit dem Heiligen Geist, der er sich vollkommen bewusst ist, drückt sich in jenem ‚Jubel‘ aus, der so deren verborgene Quelle gewissermaßen wahrnehmen lässt.“[70]

70 Wie Anm. 3, n. 21.

Vom Heiligen Geist geleitet vollendet Jesus sein Lebenswerk. Am Abend vor seinem Leiden führt er die Seinen vertieft in das Geheimnis des Heiligen Geistes ein. Anderntags bringt er sich am Kreuz, wie es im Hebräerbrief heißt, „kraft ewigen Geistes Gott als makelloses Opfer" dar (Hebr 9,14). So ermöglicht er es, dass sein Geist auch der Geist seiner Jünger wird, auch unser Geist.

* „Heiliger Geist, du ergründest alles,
auch die Tiefen Gottes.
In jedem von uns ist ein Abgrund,
den nur Gott füllen kann.
Schlage die Brücke zwischen den Tiefen Gottes
und dem Abgrund in uns.
Bereite uns für den Herrn, der zu uns kommen will.
Lenke unseren Blick auf ihn, wenn er sich uns naht;
lass uns ihn erkennen, wenn er eintrifft;
vertiefe unser Erkennen, wenn er bei uns bleibt.

Zieh alle unsere Kräfte und alle unsere Schwächen
in dieses Erkennen hinein,
lass alles von ihm durchdrungen werden.
Lass es fruchtbar werden
in allen Bereichen unseres Lebens.

Lass den Funken der Erkenntnis überspringen
auf unsere Schwestern und Brüder,
dass alle heimfinden zu dem einen Vater,
dass alle in seinem eingeborenen Sohn
ihren Bruder entdecken.

Gib, dass alle von der Liebe erfasst werden,
die Vater und Sohn verbindet
und alle Geschwister des Sohnes mit ihm und dem Vater verbinden will.
Gib, dass wir erkennen, wie wir erkannt sind,
und lieben, wie wir geliebt werden.“[71]

71 Wie Anm. 2,63.

Liebe bis zum Äußersten

Da er die Seinen, die in der Welt waren, liebte, erwies er ihnen seine Liebe bis zur Vollendung," „er liebte sie bis zum Äußersten" (Joh 13,1). Diese Worte stehen im Johannesevangelium am Anfang der Leidensgeschichte Jesu. Sie gelten für die Fußwaschung und für das Abendmahl, für die Not, die Jesus am Ölberg erleidet, und für sein Ja zur Passion, das er dort spricht. Insbesondere erfüllen sich diese Worte in der Kreuzigung Jesu. Liebe bis zum Äußersten erweist Jesus seinen Jüngern auch durch das, was er ihnen im Abendmahlssaal über den Heiligen Geist offenbart, geht es doch um das innerste Geheimnis seines Lebens. Er nennt ihn den „anderen Beistand" (Joh 14,16). Im griechischen Urtext steht das Wort „*Parakletos*". Wörtlich übersetzt heißt es: „der Herbeigerufene". Der Parakletos ist der, den man als Helfer in den verschiedensten Nöten braucht und deshalb herbeiruft. Entsprechend vielfältig ist der Sinn dieses Wortes. Er lässt sich in unserer Sprache nicht mit einem einzigen Begriff wiedergeben. Er ist „Beistand, Hilfe, Tröster (so Luther), Fürsprecher, Anwalt, Berater, Ermittler, Ermahner"[72]. Das alles weist auf Aufgaben hin, die Jesus zeitlebens wahrgenommen hat. Er war für die Seinen der erste Parakletos. Der andere Parakle-

72 Y. Congar, Der Heilige Geist, Freiburg 1982, 65.

tos, der Heilige Geist, wird weiterführen, was Jesus begonnen hat.

Wie der Sohn für seinen Dienst vom Vater gesandt ist, so sendet der Vater auch den Heiligen Geist; er tut es auf die Bitte Jesu und in seinem Namen. Jesus sagt: „Ich werde den Vater bitten, und er wird euch einen anderen Beistand geben" (Joh 14,16). Dieses Bitten entspricht ganz dem Willen des Vaters und ist deshalb der Erfüllung so sehr gewiss, dass Jesus auch sagen kann: „Der Beistand aber, der Heilige Geist, den der Vater in meinem Namen senden wird, er wird euch alles lehren" (Joh 14,26). Das Besondere an diesem Beistand ist, dass er bei den Jüngern bleiben, ja in ihnen sein wird (Joh 14,16 f.). Er beschränkt seine Hilfe nicht auf gelegentliche Aktionen; er ist bereit, immerzu zu helfen. Er muss keine große Distanz überwinden, um uns beizustehen; er hilft aus nächster Nähe. Pater Delp bezeugt das angesichts des Todes. Er schreibt in seiner Auslegung der Pfingstsequenz: „Das ist ja die Eigenart des Geistes, sich mitten in die Kreatur einzufügen, ihr Leben mitzuleben und genau da, wo ihre stärkste Not auf ihr lastet, als der helfende und heilende Gott am kräftigsten sichtbar und spürbar zu werden."[73] Besonders hilft uns der Heilige Geist dadurch, dass er uns in *die ganze Wahrheit* einführt (Joh 16,13). Das geschieht auf ganz persönliche Weise. Es ist nicht so, dass er uns wie irgendein Lehrer mit methodischem Geschick diese und jene Wahrheit näherbringt. Er vermittelt, was er in der Gemeinschaft des dreieinen Gottes empfangen hat; er tut es, indem er uns in diese Gemeinschaft hineinnimmt. Jesus sagt von dieser Liebe bis zum Äußersten: „Er wird nicht aus sich heraus reden, sondern er wird sagen, was er hört, und euch verkünden, was kommen wird. Er wird mich verherrlichen; denn er wird von

73 A. Delp, Im Angesicht des Todes, hg. v. P. Bolkovac, Freiburg 1958, 131.

dem, was mein ist, nehmen und es euch verkünden" (Joh 16,13 f.). Zum Leben und Lieben des dreieinen Gottes gehört, dass jede Person der anderen mitteilt, was sie ist und hat. So empfängt der Heilige Geist vom Sohn, was dieser vom Vater empfangen hat. Jesus weist auf dieses Geheimnis der Liebe hin; er erklärt den Seinen: „Alles, was der Vater hat, ist mein; darum habe ich gesagt: Er nimmt von dem, was mein ist, und wird es euch verkünden" (Joh 16,15).

Um die spezielle Weise dieser Wahrheitsmitteilung zu kennzeichnen, spricht Jesus vom *Zeugnisgeben*. Ein Zeugnis ist kein neutrales Sprechen von irgendeiner Sache; zum Zeugnis gehört der ganzheitliche Einsatz für eine Gegebenheit, von der vieles, wenn nicht alles, abhängt. Ein solches Zeugnis ist umso wichtiger, je mehr man gegen die Wahrheit angeht. So ist es zu verstehen, dass Jesus von dem Hass spricht, den man ihm und dem Vater entgegenbringt, um direkt daran anschließend zu sagen: „Wenn aber der Beistand kommt, den ich euch vom Vater aus senden werde, der Geist der Wahrheit, der vom Vater ausgeht, dann wird er Zeugnis für mich ablegen" (Joh 15,26). Gleichsam in einem Atemzug fügt er hinzu: „Und auch ihr sollt Zeugnis ablegen" (Joh 15,27). Das ist eine Aufgabe, die allen Christgläubigen aufgetragen ist. Erst im Licht des Heiligen Geistes können wir ihre Bedeutung erkennen, erst mit seiner Hilfe können wir ihr nachkommen.

Was Jesus im Abendmahlssaal verheißen hat, erfüllt er nach seiner Auferstehung. Die Jünger haben sich hinter verschlossenen Türen versammelt. Alles was sie bislang über das leere Grab gehört haben, hat sie noch nicht von der Angst befreit. Sie stehen dem ganz Neuen, das durch die Auferstehung Jesu erstmals in der Welt geschieht, offenbar noch fassungslos gegenüber. Das ändert sich, als ihr Herr und Meister plötzlich vor ihnen steht. Die verschlossenen Türen haben ihn nicht daran gehindert, zu ihnen zu kommen und ihnen zu helfen. Der Auferstandene grüßt sie mit den damals üblichen Worten: „Friede euch." Da diese Worte in dem kurzen Bericht noch einmal wiederholt werden, kommt ihnen offensichtlich ein besonderes Gewicht zu. Es geht nicht bloß um einen Friedenswunsch, es geht um ein Friedensgeschenk. Jesus macht wahr, was er im Abendmahlssaal kurz zuvor versprochen hat. Im Anschluss an die Verheißung des Heiligen Geistes hat er gesagt: „Frieden hinterlasse ich euch, meinen Frieden gebe ich euch; nicht einen Frieden, wie die Welt ihn gibt, gebe ich euch" (Joh 14,27). Der Friede, den Menschen schaffen, ist in der Regel von kurzer Dauer. Außerdem gilt er nur für diesen oder jenen Bereich der Welt. Selbst wenn es zu einem weitreichenden Frieden kommt, bleibt offen, wie es im Inneren der Menschen und in ihrem persönlichen Verhältnis zueinander bestellt ist. Mitten im Frieden können Menschen einander spinnefeind sein. Selbst ein Kloster ist vor dieser Gefahr nicht gefeit. Der Auferstandene schenkt einen umfassenden Frieden. Er ist für die ganze Welt bestimmt. Er wirkt sich gerade im Innersten des Menschen aus und verhilft ihm zu einem neuen Verhältnis zu den Mitmenschen. Diesen Frieden hat Christus „am Kreuz gestiftet durch sein Blut" (Kol 1,20). So entspricht es dem Willen des Vaters, „in Christus alles zu vereinen, alles, was im Himmel und auf Erden ist" (Eph 1,10). Als das den ersten Christen aufgeht, können sie bekennen: „Er ist unser Friede" (Eph 2,14). In ihm ist für immer der Friedensbund mit Gott geschlossen. Wer zu ihm gehört, darf in diesem Frieden leben und ist zugleich aufgerufen, diesen Frieden zu verbreiten.

Das gehört zu der *Sendung,* die allen zugedacht ist, die sich Jesus Christus anschließen. Diese Sendung geht vom Vater aus. Was der Sohn von ihm empfangen hat, gibt er den Seinen weiter: „Wie mich der Vater gesandt hat, so sende ich euch“ (Joh 20,21). Kurz zuvor hat Jesus im Abendmahlssaal in seinem Sterbegebet mehrfach von seiner Sendung gesprochen (Joh 17,3.8.21.23.25). Sie ist Inbegriff seines Erlöserwirkens. Jetzt geschieht Unfassbares: Jetzt nimmt er seine Jünger in diese seine Sendung hinein. Wenn das wahr werden soll, muss nicht weniger als ein Wunder geschehen. Der Auferstandene wirkt es. Er gibt seinen Jüngern Anteil an seinem Geist. Dass dies ein wahrhaft schöpferischer Akt ist, macht das Anhauchen deutlich, das zu den Worten „Empfangt den Heiligen Geist“ gehört (Joh 20,22). Es erinnert an den biblischen Bericht über die Erschaffung des Menschen, in dem es heißt: „Da formte Gott, der Herr, den Menschen aus Erde vom Ackerboden und blies in seine Nase den Lebensatem. So wurde der Mensch zu einem lebendigen Wesen“ (Gen 2,7). Wenn ein Mensch der Sendung des Gottmenschen gemäß wirken soll, muss er durch Gottes Geist eine „neue Schöpfung“ werden (vgl. Gal 6,15).

Geschieht das, dann kann sich ein weiteres Wunder immer wieder ereignen: die *Vergebung der Sünden.* Als Jesus zu Beginn seines öffentlichen Wirkens einem Gelähmten sagt: „Deine Sünden sind dir vergeben“, haben die Schriftgelehrten und Pharisäer daran Anstoß genommen und gedacht: Das ist Gotteslästerung! „Wer außer Gott kann Sünden vergeben?“ (Lk 5,20 f.). Diese Frage ist berechtigt. Das, was Menschen durch die Sünde anrichten, kann durch Menschen nicht wieder gutgemacht werden. Das Band, das zwischen Gott und Mensch zerrissen wird, können Menschen nicht wieder herstellen. Die Entscheidung gegen Gott, die der Sünder trifft, kann durch keinen Menschen aus der Welt geschafft werden. Gottes Liebe allein kann das bewirken. Jesus hat die Vollmacht zur Sündenvergebung vom Vater empfangen und ihr gemäß im Heiligen Geist gehandelt. Jetzt gibt er diese Vollmacht zusammen mit dem Heiligen Geist weiter. So kann geschehen, was die menschlichen Möglichkeiten absolut übersteigt.

Als die Jünger dem *Thomas* berichten, was sie erlebt haben, meldet der Zweifel an. Er tut es mit den starken Worten: „Wenn ich nicht die Male der Nägel an seinen Händen sehe und wenn ich meine Finger nicht in seine Seitenwunde lege, glaube ich nicht" (Joh 20,25).

„Acht Tage darauf waren seine Jünger wieder versammelt, und Thomas war dabei. Die Türen waren verschlossen. Da kam Jesus, trat in ihre Mitte und sagte: Friede sei mit euch. Dann sagte er zu Thomas: Streck deine Finger aus – hier sind meine Hände! Streck deine Hand aus und leg sie in meine Seite, und sei nicht ungläubig, sondern gläubig" (Joh 20,26 f.).

Wir haben nicht die Chance des Thomas, aber wir können uns im Geist die durchbohrten Hände und die Seitenwunde vergegenwärtigen. Sie sagen uns: Das hat er für dich gelitten; das tat er, um dich zu erlösen und dir Anteil an seinem Geist zu geben. Sie zeigen uns, wie sehr sein Herz für uns schlägt. Suchen wir den Kontakt mit ihm, der tiefer reicht als der Finger des Thomas. Sagen wir mit ihm: „Mein Herr und mein Gott" (Joh 20,28).

* „Heiliger Geist! Deine Liebe lässt uns vernehmen,
was Gott uns zu sagen hat.
Gottes Wort ist ganz nahe bei uns,
es ist in unserem Mund und in unserem Herzen
– und dennoch fassen wir es nicht.
Lebendig ist das Wort, kraftvoll und schärfer als jedes
zweischneidige Schwert
– und dennoch bleibt es für uns wirkungslos,
solange unser Inneres vor ihm verschlossen bleibt.
Du, Heiliger Geist, musst es uns
und musst uns ihm erschließen.

Das Wort, das von deinem Geist beseelt ist, trifft uns erst,
wenn es in uns auf dich trifft.
Beseele uns, damit wir für die Seele des Gotteswortes
empfänglich werden.

Erschaffe in uns, was aus uns heraus unmöglich ist:
Schenke uns den Glauben.
Hilf uns, dass wir alles annehmen,
was das ewige Wort uns sagt,
stehe uns bei, dass wir es in uns bewahren und bewegen,
dass es uns trägt und prägt.
Das von dir inspirierte Wort bedarf der inspirierten Antwort: Gib sie uns.
Erlöse uns vom Unglauben,
lass uns nicht im Kleinglauben hängen bleiben,
mach uns glauben!«[74]

74 Wie Anm. 2, 61.

Pfingstgeist

Noch einmal erscheint der Auferstandene einem größeren Kreis von Jüngern. Er zeigt ihnen seine Wunden und entbietet ihnen den Friedensgruß. Dann erschließt er ihnen den Sinn dessen, was sie mit ihm erlebt haben. Die Jünger, die bei seinem Tod gedacht hatten: „Jetzt ist alles aus!", erfahren, dass es jetzt *neues Leben für alle* gibt. Von jetzt an wird man alle Völker zur Umkehr rufen und ihnen die Vergebung der Sünden und damit einen vollkommenen Neubeginn verkünden. Die Jünger sind berufen, dabei mitzuwirken. Ihnen sagt er: „Ihr seid Zeugen dafür" (Lk 24,48); ihnen verspricht er: „Ich werde die Gabe, die mein Vater verheißen hat, zu euch herabsenden. Bleibt in der Stadt, bis ihr mit der Kraft aus der Höhe erfüllt werdet" (Lk 24,49). Erinnern wir uns an die Verheißung der Geburt Jesu und an den Beginn seines irdischen Lebens. Damals fragte Maria den Boten Gottes: „Wie soll das geschehen?" Sie erhielt die Antwort: „Der Heilige Geist wird über dich kommen, und die Kraft des Höchsten wird dich überschatten" (Lk 1,34 f.). Jetzt gebraucht der Herr ähnliche Worte. Er verspricht damit ein neues Wirken des Heiligen Geistes. Wie diese Gabe des Vaters die Menschwerdung seines Sohnes verwirklicht hat, so soll sie fortan die *Christwerdung aller Menschen* wahr machen. Das berichtet Lukas am Ende seines Evangeliums.

Am Anfang der *Apostelgeschichte* bekräftigt er es und führt es weiter: „Beim gemeinsamen Mahl gebot er ihnen: Geht nicht weg von Jerusalem, sondern wartet auf die Verheißung des Vaters, die ihr von mir vernommen habt. Johannes hat mit Wasser getauft, ihr aber werdet schon in wenigen Tagen mit dem Heiligen Geist getauft" (Apg 1,4f.). Sie sollen empfangen, was Jesus mit seinem Leben bezahlt hat. „Als sie nun beisammen waren, fragten sie ihn: Herr, stellst du in dieser Zeit das Reich für Israel wieder her?" (Apg 1,6). Für ihre Verhältnisse war das eine respektable Frage. In ihrer Mitte stand das Kommen des Gottesreiches, das Ereignis also, das Jesus besonders bewegte, das er angekündigt hatte, für das er sich eingesetzt hatte, von dem er in seinen Gleichnissen gesprochen hatte, um das zu beten er sie gelehrt hatte. Die Jünger hofften, dass es direkt zu ihnen, mitten in Israel, kommen sollte. Überdies zeigte die Frage ihre Überzeugung an, dass der Herr allein dieses Reich aufrichten kann. So gut gemeint das alles war, es reichte bei weitem nicht an das heran, was geschehen sollte. Es war alles noch zu sehr durch menschliche *Grenzen* eingeengt. Der Auferstandene sprengt diese Grenzen. Er sagt den Jüngern: „Euch steht es nicht zu, Zeiten und Fristen zu erfahren, die der Vater in seiner Macht festgesetzt hat. Aber ihr werdet die Kraft des Heiligen Geistes empfangen, der auf euch herabkommen wird; und ihr werdet meine Zeugen sein in Jerusalem und in ganz Judäa und Samarien und bis an die Grenzen der Erde" (Apg 1,7f.).

Jesus sprengt die Grenzen des Raumes: Die Jünger fragen nach dem Reich Gottes in Israel. Sie richten ihren Blick auf die ihnen vertraute Welt. Er sagt: „Nicht nur dort, in der ganzen Welt soll es anbrechen. Selbst zu den verhassten Samaritern soll es kommen, bis ans Ende der Welt soll es sich ausbreiten." Die Jünger hatten lediglich von der Aufrichtung des Reiches „in dieser Zeit" gesprochen; sie wünschten es sich zu

Recht so schnell wie möglich herbei. Jesus sprengt auch die Grenzen der Zeit: Nicht nur jetzt, sondern in allen kommenden Jahren und Jahrhunderten geht es um das Kommen des Gottesreiches, bis ans Ende der Welt. Schließlich hatten die Jünger alles von der Tat ihres Herrn erwartet. Das war recht so, und doch entsprach es nicht dem, was der Herr tun wollte. Er will selbst die Grenzen der Menschen sprengen: Er will die, die aus sich nichts zum Kommen des Gottesreiches beitragen können, in dessen Verwirklichung hineinnehmen. Er sagt: „Ja, ich werde das Reich Gottes verwirklichen. Ich will es zusammen mit euch tun. In euch soll es beginnen und durch euch weitergeführt werden. Ich gebe euch Anteil an meinem Geist, damit ihr an meinem Wirken teilnehmen könnt. Ihr werdet meine Zeugen sein. Wenn ihr bezeugt, was ich gesagt und getan habe, wenn ihr bezeugt, was ich weiterhin tue, dann wirkt ihr mit mir zusammen für das Kommen des Gottesreiches."

Genau das ist uns allen aufgetragen. Ist uns das hinreichend bewusst? Neigen wir, wie die Jünger, dazu, unsere Aufgaben nur eingegrenzt zu sehen? Wissen wir, dass wir ohne die Hilfe des Heiligen Geistes rein gar nichts für das Gottesreich tun können? Wie immer unsere persönliche Antwort auf diese Fragen aussieht, in jedem Fall sind wir gut beraten, wenn wir tun, was die Jünger damals getan haben: Sie haben *gemeinsam* um die Gabe des Heiligen Geistes gebetet. Lukas zählt alle Apostel einzeln auf und fügt hinzu: „Sie alle verharrten dort einmütig im Gebet, zusammen mit den Frauen und mit Maria, der Mutter Jesu, und mit seinen Brüdern" (Apg 1,14). Männer und Frauen, Apostel und Jünger, alle, die zu Jesus gehören, sind berufen, seine Zeugen zu sein und seinen Geist zu empfangen. Der erste Satz des Pfingstberichts bezeugt nochmals die Gemeinschaft der Betenden. Er lautet: „Als der Pfingsttag gekommen war, befanden sich alle am gleichen Ort“ (Apg 2,1). Was sie dann erleben, ist so geschildert, dass deutlich wird: Es betrifft alle und zugleich jeden Einzelnen ganz persönlich: „Da kam plötzlich vom Himmel her ein Brausen, wie wenn ein heftiger Sturm daherfährt, und erfüllte das ganze Haus, in dem sie waren. Und es erschienen ihnen Zungen wie von Feuer, die sich verteilten; auf jeden von ihnen ließ sich eine nieder. Alle wurden mit dem Heiligen Geist erfüllt und begannen, in fremden Sprachen zu reden, wie es der Geist ihnen eingab“ (Apg 2,2–4).

Der Heilige Geist erweist sich als der *Geist des Ganzen* und als der *Geist des Einzelnen.* Er erfüllt das ganze Haus und schenkt sich zugleich jedem Einzelnen: Die Feuerflammen lassen sich auf jedem von ihnen nieder. Genauso handelt der Heilige Geist im Blick auf die Kirche. Sie ist ganz von ihm beseelt. Er hält ihre Glieder zusammen. Er wirkt zugleich in jedem einzelnen Glied. Das Feuer des Geistes, das in seiner Kirche brennt, ergreift alle, die zu ihr gehören. Im einzelnen Glied lebt und wirkt der Heilige Geist umso mehr, je mehr es mit den anderen Gliedern und so mit der ganzen Kirche verbunden ist.

Was in der Kirche und in ihren Gliedern geschieht, ist der ganzen *Welt* zugedacht. Das zeigt der weitere Pfingstbericht. Er spricht zunächst von den Menschen aus aller Welt, die in Jerusalem versammelt sind, und schließlich von der ganzen Schöpfung, von „allem Fleisch“ (V.17) und vom gesamten Kosmos, von Sonne und Mond, vom Himmel und von der Erde. Ausführlich macht Lukas deutlich, dass der Heilige Geist alle Menschen beschenken will. Er fährt fort: „In Jerusalem aber wohnten Juden, fromme Männer aus allen Völkern unter dem Himmel. Als sich das Getöse erhob, strömte die Menge zusammen und war ganz bestürzt; denn jeder hörte sie in seiner Sprache reden. Sie gerieten außer sich vor Staunen und sagten: Sind das nicht alles Galiläer, die hier reden? Wieso kann sie jeder von uns in seiner Muttersprache hören: Parther, Meder und Elamiter, Bewohner von Mesopotamien, Judäa und Kappadozien, von Pontus und der Provinz Asien, von Phrygien und Pamphylien, von Ägypten und dem Gebiet Libyens nach Zyrene hin, auch die Römer, die sich hier aufhalten, Juden und Proselyten, Kreter und Araber, wir hören sie in unseren Sprachen Gottes große Taten verkünden“ (V.5–11).

Menschen „aus allen Völkern unter dem Himmel“ (V.5) erfahren die Wirkung des Heiligen Geistes. Das geschieht durch das Zeugnis der vom Heiligen Geist erfüllten Urgemeinde. Sie verkündet „Gottes große Taten“ so, dass alle sich persönlich angesprochen fühlen. Verwundert sagen sie: Wir hören sie „in unseren Sprachen“ (V.11), jeder in seiner Muttersprache. Genau das ist die Art des Heiligen Geistes: Er ist den Menschen näher, als sie sich selber nahe sein können. Er versteht sie besser, als sie sich selber verstehen können. Er wendet sich jedem Menschen ganz persönlich zu. An uns ist es, auch unsererseits auf die persönlichste Weise ihm gegenüber zu handeln. *Der Geist der Freiheit* respektiert die freie Entscheidung des Menschen. Der Pfingstbericht zeigt uns, wie unterschiedlich Menschen reagieren können. Von allen Zeugen des Pfingstgeschehens heißt es: „Alle gerieten außer sich und waren ratlos. Die einen sagten zueinander: Was hat das zu bedeuten? Andere aber spotteten: Sie sind vom süßen Wein betrunken“ (V.12 f.). Die einen werden nachdenklich; sie spüren, dass sie persönlich angeht, was sich hier tut. Sie können es nicht recht fassen, aber sie bemühen sich darum. Andere igeln sich ein. Sie verschließen sich dem Geschehen; sie machen es madig, sie machen es lächerlich. Sie sagen von denen, deren Zeugnis sie nicht ausweichen können: „Das sind Betrunkene. Lasst sie laufen, lasst sie fallen.“

Dann wird offenbar, wie der Geist Gottes Menschen verwandeln kann. *Petrus*, der kurz zuvor noch Jesus dreimal verleugnet hat, der sich mit den anderen Aposteln hinter verschlossenen Türen versteckt hat, tritt freimütig in die Öffentlichkeit. Er tut es „zusammen mit den Elf" (V.14). Das ist eine wichtige Anmerkung des heiligen Lukas. Alle Apostel sind durch den Heiligen Geist neue Menschen geworden. Alle sind enger miteinander verbunden, als es früher der Fall war. Alle treten sie miteinander auf. Sie bestätigen durch ihre Gemeinschaft, was Petrus als ihr Sprecher den Menschen sagt. Er fürchtet deren Spott nicht, er weist ihn zurück. Sodann verkündet er eine doppelte Botschaft: Er spricht vom Propheten Joel und dann von Jesus Christus. Zuerst also erinnert er die Juden an ein Prophetenwort, das zu ihrem Glaubensgut gehört. Er sagt: „Jetzt geschieht, was durch den Propheten Joel gesagt worden ist: In den letzten Tagen wird es geschehen, so spricht Gott: Ich werde von meinem Geist ausgießen über alles Fleisch. Eure Söhne und eure Töchter werden Propheten sein, eure jungen Männer werden Visionen haben, und eure Alten werden Träume haben. Auch über meine Knechte und Mägde werde ich von meinem Geist ausgießen in jenen Tagen, und sie werden Propheten sein" (V.16–18).

Dann kommt Petrus zur Mitte seiner Botschaft, zu *Jesus Christus.* Er ist das einzigartige Geschenk Gottes an die Menschheit, das „nach Gottes beschlossenem Willen und Vorauswissen hingegeben wurde" (V.23). Dieses Geschenk wurde nicht angenommen. Der vom Vater den Menschen geschenkte ewige Sohn wurde „durch die Hände von Gottlosen ans Kreuz geschlagen und umgebracht" (V.23). Dennoch hat Gottes Liebe gesiegt: „Diesen Jesus hat Gott auferweckt", verkündet Petrus und fügt hinzu: „dafür sind wir alle Zeugen" (V.32). „Dass er lebt und weiterwirkt, könnt ihr alle erkennen: ‚Wie ihr seht und hört', hat er den Heiligen Geist ausgegossen (V.33)."

Diesen Geist verspricht Petrus seinen Zuhörern, wenn sie sich taufen lassen. Er verspricht ihn überdies auch ihren Nachkommen: „Denn euch und euren Kindern gilt die Verheißung und all denen in der Ferne, die der Herr, unser Gott, herbeirufen wird“ (V.39). Zu ihnen gehören wir alle.

Über dem *Portal zur alten Würzburger Universität* ließ ihr Gründer, Bischof Julius Echter, ein kunstvolles Relief anbringen. Es zeigt das Pfingstgeschehen, so wie es die Apostelgeschichte berichtet. Die um die Gottesmutter gescharten Apostel empfangen den Heiligen Geist. Vor ihnen und so zu ihrem Kreis gehörend kniet Bischof Julius. Er weiß sich in das Pfingstereignis einbezogen und vereint sich mit der betenden Urgemeinde. Genau das sollten wir nach Kräften tun. Betrachten wir, was damals geschah, im Wissen, dass das Wesentliche davon sich immer wieder ereignet. Beten wir um den Heiligen Geist für uns und für die ganze Kirche. Halten wir es so, wie das litauische Mädchen, von dem wir nur den Vornamen wissen. Lione G., so heißt sie, wurde mit anderen Landsleuten von den Kommunisten nach Sibirien verschleppt. Dort vergegenwärtigte sie sich das Pfingstgeschehen und fand Worte des Gebetes, die auch uns anregen können:

„Als die Apostel
den verheißenen Tröster erwarteten, beteten sie viel
gemeinsam mit der Mutter Jesu.
Es kam die Stunde der Geistsendung.
Vom Himmel her
ließ er sich wie Feuer auf sie herab.
Er erleuchtete sie,
gab ihnen apostolischen Eifer,
den Mut der Blutzeugen,
Weisheit
und die Gabe der Sprachen …

Heiliger Geist,
Tröster und unsere Kraft,
komme,
lasse Dich nieder auch auf uns.
Auch wir warten,
auch wir bitten,
auch wir flehen.
Komme, erneuere uns,
erneuere unser Volk.
Gib uns die
vor allem notwendigen Gnadenkräfte,
damit wir in Einigkeit und Liebe
für Gottes Reich
in unserem Vaterlande arbeiten.
Amen.“[75]

75 P. Archangelus u. P. Alfonsas, Maria, rette uns, Königstein 1960, 69 f.

Geist der Kirche

Mit der Ostergabe des Heiligen Geistes ist das Geschenk der Kirche aufs Innigste verbunden. Was beide Gaben des Auferstandenen für uns persönlich bedeuten, kann uns das kleine Wort *anhauchen* bewusst machen. Als unser Erlöser am Ostertag seine Apostel anhaucht, erinnert er an das Werden des Menschen, wie es zu Beginn der Heiligen Schrift bildhaft dargelegt wird. Die tote Lehmfigur wird erst zum lebendigen Menschen, als ihr der Lebensatem Gottes eingehaucht wird. Die Jünger im verschlossenen Raum werden durch das Einhauchen des Heiligen Geistes zu neuen Menschen, denen der Erlöser seine Sendung anvertrauen kann: „Wie mich der Vater gesandt hat, so sende ich euch" (Joh 20,21). Diese Jünger repräsentieren die werdende Kirche.

Zeitlebens hat Jesus Christus auf die *Kirche* hingearbeitet. In seiner Verkündigung hat er die Menschen zusammengerufen. Seine Botschaft von der Liebe hat die zentrale Aufgabe herausgestellt, die seine Anhänger wahrzunehmen haben. Er hat aus dem Kreis der Jünger zwölf Apostel erwählt, die mit ihm besonders verbunden sein sollten. Im Abendmahlssaal hat er das Sakrament gestiftet, das fortan die Menschen mit ihm und untereinander vereinen soll. Er hat Kreuz und Tod auf sich genommen, um den Seinen sein Leben, seinen Geist zu schenken. Alles, was Jesus bis dahin aufgebaut hat, alles, was das Werden der Kirche eingeleitet hat, wird durch die Gabe des Heiligen Geistes lebendig. Zeichen dafür ist das Anhauchen, verbunden mit den Worten: „Empfangt den Heiligen Geist“ (Joh 20,22). So kann uns das Anhauchen darauf hinweisen, dass der Heilige Geist der Lebenshauch, anders gesagt: die *Seele der Kirche* ist. Mit dem heiligen Augustinus können wir sagen: „Was die Seele ist für den Leib des Menschen, das ist der Heilige Geist für den Leib Christi, die Kirche: das eben wirkt der Heilige Geist im Gesamt der Kirche, was die Seele wirkt in allen Gliedern eines einzigen Leibs.“[76]

Das Konzil hat die Worte „Seele der Kirche“ aufgenommen und zugleich entfaltet, was es näherhin bedeutet. Es lehrt: Christus gab „uns von seinem Geist, der als der eine und gleiche im Haupt und in den Gliedern wohnt und den ganzen Leib so lebendig macht, eint und bewegt, dass die heiligen Väter sein Wirken vergleichen konnten mit der Aufgabe, die das Lebensprinzip – die Seele – im menschlichen Leibe erfüllt“[77]. Das Konzil hat damit aufgegriffen, was Pius XII. 1943 mitten im Zweiten Weltkrieg in seiner Enzyklika „Mystici corporis Christi“ gelehrt hat. Er stellte eine Gegebenheit heraus, die für unser persönliches geistliches Leben extrem wichtig ist. Pius XII. verkündet: Dem Geist Christi ist „zuzuschreiben, dass alle Teile des Leibes sowohl untereinander als auch mit ihrem erhabenen Haupt verbunden sind, da er ganz im Haupt ist, ganz im Leib, ganz in den einzelnen Gliedern … Er ist es, der mit himmlischem Lebensatem in allen Teilen des Leibes als das Prinzip jeder lebenspendenden und

76 Augustinus, Sermo 267,4.

77 II. Vatikanisches Konzil, Kirchenkonstitution n. 7.

wirklich heilsamen Handlung angesehen werden muss“[78]. Das bedeutet nicht weniger als dies: Ohne das Wirken des Heiligen Geistes können wir nichts Lebenspendendes und Heilsames tun!

Der heilige Augustinus hat seinen Gläubigen auf handfeste Art geholfen, das Wirken des Heiligen Geistes als Seele der Kirche zu erfassen und sich zugleich von seinem Wirken erfassen zu lassen. Wie er das getan hat, kann auch uns helfen. Der Bischof von Hippo appelliert an seine Gemeinde: „Seht, was im Leibe die Seele wirkt. Alle Glieder belebt sie: sie schaut durch die Augen, sie hört durch die Ohren, sie riecht durch die Nase, sie spricht durch die Zunge, sie wirkt durch die Hände, sie geht durch die Füße: allen Gliedern ist sie zugleich zugegen, damit sie leben; allen spendet sie Leben, den Einzelnen aber Ämter. Nicht hört das Auge, nicht sieht das Ohr, nicht sieht die Zunge, noch reden Ohr und Auge; dennoch: sie leben; das Ohr, es lebt, die Zunge, sie lebt; die Ämter sind unterschieden, das Leben ist gemeinsam. So ist die Kirche Gottes: in den einen Heiligen wirkt sie Wunder, in den anderen Heiligen kündet sie die Wahrheit, in andern Heiligen hält sie die Jungfräulichkeit, in anderen Heiligen wahrt sie die eheliche Keuschheit; in den einen dies, in den anderen jenes: die Einzelnen wirken das Ihre, aber alle gemeinsam leben.“[79] Jedes Glied hat auf seine Weise seinen Beitrag zum Ganzen zu leisten; keines soll ein anderes imitieren, keines ein anderes verdrängen. Alle Glieder sind dazu da, einander zu helfen und so dem Ganzen zu dienen. Gerade das Besondere des einzelnen Gliedes sondert dieses nicht von den anderen ab, es verbindet es mit allen.

---

78 DH 3808.

79 Wie Anm. 76.

Jedem einzelnen Glied der Kirche schulden wir Hochachtung und Ehrfurcht, die Ehrfurcht vor der speziellen Berufung durch den Heiligen Geist, die Ehrfurcht vor dem, was der Heilige Geist gerade durch dieses Glied wirken will. Speziell den *schwach* scheinenden Gliedern gegenüber ist das besonders geboten. Mehrfach weist der Apostel Paulus gerade auf sie hin und ruft zur rechten Einstellung ihnen gegenüber auf. So legt er den Korinthern ans Herz: „Gerade die schwächer scheinenden Glieder des Leibes sind unentbehrlich. Denen, die wir für weniger edel ansehen, erweisen wir umso mehr Ehre, und unseren weniger anständigen Gliedern begegnen wir mit mehr Anstand, während die anständigen das nicht nötig haben. Gott aber hat den Leib so zusammengefügt, dass er dem geringsten Glied mehr Ehre zukommen ließ, damit im Leib kein Zwiespalt entstehe, sondern alle Glieder einträchtig füreinander sorgen" (1 Kor 12,22–25). Auch im Römerbrief tritt der Apostel nachdrücklich für die „Schwachen" in der Gemeinde ein. Er legt den Römern ans Herz: „Wir müssen als die Starken die Schwäche derer tragen, die schwach sind, und dürfen nicht für uns selbst leben. Jeder von uns soll Rücksicht auf den Nächsten nehmen, um Gutes zu tun und (die Gemeinde) aufzubauen. Denn auch Christus hat nicht für sich selbst gelebt ... Darum nehmt einander an, wie auch Christus uns angenommen hat" (Röm 15,1–3.7).

In vielen Weisen hält der Heilige Geist als Seele der Kirche ihre Glieder zusammen. Sie lassen sich weder berechnen noch voraussagen. Es ist gut, allzeit für sie offen zu sein. Besonders wirkt er durch zwei Instrumente, die ganz von ihm geprägt sind. Sie heißen Wort und Sakrament. Durch sein *Wort,* das in der Bibel bezeugt ist und in der kirchlichen Verkündigung vermittelt wird, ruft Gott die Menschen zusammen und lässt sie an seiner vereinigenden Kraft teilhaben. Die *Heilige Schrift* ist dem Heiligen Geist zu verdanken. Die Kirche bekennt das mit dem Wort *Inspiration*. Dieses Wort hängt mit dem uns vertrauten Begriff Anhauchen zusammen. Es sagt: Die Bibel ist durch den Anhauch des Heiligen Geistes entstanden. Wörtlich lehrt das Konzil: „Das von Gott Geoffenbarte, das in der Heiligen Schrift enthalten ist und vorliegt, ist unter dem Anhauch des Heiligen Geistes aufgezeichnet worden; denn aufgrund apostolischen Glaubens gelten unserer heiligen Mutter, der Kirche, die Bücher des Alten wie des Neuen Testamentes in ihrer Ganzheit mit allen ihren Teilen als heilig und kanonisch, weil sie, unter Einwirkung des Heiligen Geistes geschrieben ..., Gott zum Urheber haben."[80]

Was bedeutet das? Zunächst eine Garantie, die wir bei keinem anderen Buch haben: Wir können uns auf die inspirierten Bücher verlassen; sie sind wahr. Auch dazu hat sich das Konzil verbindlich geäußert. Es sagt: „Da also alles, was die inspirierten Verfasser ... aussagen, als vom Heiligen Geist ausgesagt zu gelten hat, ist von den Büchern der Schrift zu bekennen, dass sie sicher, getreu und ohne Irrtum die Wahrheit lehren, die Gott um unseres Heiles willen in heiligen Schriften aufgezeichnet haben wollte."[81] Martin Luther hat in einer Vorrede zum Alten Testament ein bedenkenswertes Bild gebraucht, um seinen Lesern und Hörern die Bedeutung der Inspiration klarzumachen. Er schreibt: „Hie wirst du die Windeln und die Krippe finden, da Christus innen liegt ... Schlechte und geringe Windeln sind es, aber teuer ist der Schatz, Christus, der drinnen liegt."[82] So kühn dieser Vergleich ist, er geht in Wahrheit noch nicht weit genug. Das

80 II. Vatikanisches Konzil, Offenbarungskonstitution n. 11.

81 Ebd.

82 M. Luther, Ausgewählte Werke, Bd. VI, hg. v. H. H. Borcherdt u. G. Merz, München 1938, 22.

menschliche Wort der Bibel ist mehr als Windel und Krippe; die sind dem Kind nur äußerlich nah und können beliebig ausgetauscht werden. Gott verbindet sich so eng mit dem Bibelwort, dass man an die Menschwerdung des ewigen Wortes selber erinnert wird. Das Konzil hat diese Analogie aufgegriffen. In seiner Offenbarungskonstitution lehrt es: „In der Heiligen Schrift also offenbart sich, unbeschadet der Wahrheit und Heiligkeit Gottes, eine wunderbare Herablassung der ewigen Weisheit, ‚damit wir die unsagbare Menschenfreundlichkeit Gottes kennenlernen und erfahren, wie sehr er sich aus Sorge für unser Geschlecht in seinem Wort herabgelassen hat'[83]. Denn Gottes Worte, durch Menschenzunge formuliert, sind menschlicher Rede ähnlich geworden, wie einst des ewigen Vaters Wort durch die Annahme menschlich schwachen Fleisches den Menschen ähnlich geworden ist."[84] Beachten wir es: Beide Male ist der Heilige Geist am Werk: Bei der Inkarnation und bei der Inspiration. So konnte der Martyrerbischof Ignatius von Antiochien der Gemeinde in Philadelphia schreiben, die Kirche solle zur Bibel ihre Zuflucht nehmen, „wie zum Fleische Christi"[85]. Ähnlich lehrt Origenes: „Verstehe also die Schriften … als einen einzigen vollkommenen Leib des Wortes."[86]

Mit Recht sagt Hieronymus: „Die Schrift nicht kennen heißt Christus nicht kennen."[87] Das Konzil, das sich dieses Wort zu eigen macht, ruft daher alle an Christus Glaubenden eindringlich auf, „durch häufige Lesung der Heiligen Schrift sich die ‚alles übertreffende Erkenntnis Jesu Christi' (Phil

83 Johannes Chrysostomus, in Gen. 3,8 (hom. 17,1).

84 Wie Anm. 80, n. 13.

85 Ignatius v. Antiochien, Brief an die Philadelphier 4,1.

86 Origenes, Jeremiafragment: PG 13, 544 C.

87 Hieronymus, Prolog zum Jesaja-Kommentar: PL 24,17

3,8) anzueignen"[88]. Letztlich lädt der Herr selbst uns ein, vom Tisch des Wortes Gottes wie des Leibes Christi ohne Unterlass das Brot des Lebens zu empfangen.

Wie durch das von ihm inspirierte Wort wirkt der Heilige Geist als Seele der Kirche durch die *Sakramente.* „Wie die menschliche Natur Christi, so werden die Sakramente, deren Fortsetzung und Verlängerung, vom Heiligen Geist gewirkt."[89] Wieder geschieht etwas wie eine verwandelnde Anhauchung. Zu allen Sakramenten gehören äußere, sichtbare und hörbare Zeichen. Es sind Dinge unserer Welt: Wasser, Öl, Brot und Wein und menschliche Aktivitäten: Waschung und Bad, Salbungen, Mahl, Bekennen, Beauftragung, Liebeshingabe. Diese Dinge und diese Aktivitäten empfangen durch den Heiligen Geist einen neuen Sinn und einen neuen Segen. Sie werden eine neue Schöpfung, durch die der Mensch immer mehr eine neue Schöpfung werden kann. Überdies wird durch sie die Kirche aufgebaut. Die sieben Sakramente sind gleichsam die Adern im geheimnisvollen Leib Christi. Sie befördern das Lebensblut der Gnade bis hin zum letzten Glied; sie sorgen dafür, dass ausgeschieden wird, was uns und der Kirche schaden kann. Sie machen möglich, was im menschlichen Leib nicht möglich ist: Das Lebensblut der Gnade erreicht sogar die toten Glieder und macht sie wieder lebendig: Das geschieht bei Todsündern im Bußsakrament und in der Krankensalbung.

Was Jesus bei seiner *Taufe* erlebt hat, ist ein Symbol für das, was bei der christlichen Taufe geschieht: Der Himmel öffnet sich und der Heilige Geist kommt auf den Täufling herab und macht ihn zum geliebten Kind des Vaters. Es erfüllt sich, was Johannes der Täufer angekündigt hat: „Ich taufe euch

---

88 Wie Anm. 80, n. 25.

89 M. Schmaus, Katholische Dogmatik, Bd. IV, 1, München 1952, 7.

nur mit Wasser (zum Zeichen) der Umkehr. Der aber, der nach mir kommt, ist stärker als ich … Er wird euch mit dem Heiligen Geist und mit Feuer taufen" (Mt 3,11). Als Jesus im nächtlichen Gespräch mit Nikodemus diesen in das Geheimnis der Wiedergeburt einführt, tut der Pharisäer sich schwer. Da sagt ihm Jesus: „Wenn jemand nicht aus dem Wasser und dem Heiligen Geist geboren wird, kann er nicht in das Reich Gottes kommen" (Joh 3,7). Bei seiner Menschwerdung hat der Heilige Geist die wunderbare Empfängnis des Sohnes Gottes bewirkt; bei der Taufe wiederholt er nun „diese übernatürliche Zeugung, die uns Christus ähnlich und durch Angleichung an ihn zu Kindern Gottes macht. Das besondere Eingreifen des Heiligen Geistes in der Taufe zeigt, dass unsere geistige Geburt das Werk der göttlichen Liebe ist. Aus dem Geist geboren werden heißt aus der Liebe geboren werden. Und das Siegel, das endgültige Zeichen, das uns der Heilige Geist im Augenblick der Taufe aufdrückt …, ist die unserem Sein unauslöschlich aufgeprägte Bestätigung, dass sich die göttliche Liebe mit uns verbunden hat und sich unser endgültig, für ewig bemächtigen will"[90].

In der *Firmung* wird weitergeführt, was in der Taufe begonnen wurde. Ist der Täufling in erster Linie „Objekt" der Sendung Christi, so wird der Gefirmte vor allem „Mit-Subjekt". Geht es in der Taufe primär um das Heil des Empfängers, so in der Firmung um das Heil der Welt; aus dem (passiven) Empfänger wird ein (aktiver) Vermittler, aus dem Geretteten ein Retter. Vereint die Taufe mit dem Sterben und Auferstehen Jesu Christi, umso an seinem Leben Anteil zu geben, so tut es die Firmung auf neue Weise, um uns mit der Sendung zu beauftragen, für die der Herr gelebt hat und gestorben ist: Die Firmung verbindet durch den Heiligen Geist mit dem

90 J. Galot, Der Geist der Liebe, Mainz 1960, 138.

Herrn und zugleich mit allen, die mitberufen sind, sowie mit allen Adressaten des Sendungsgeschehens. Wie der Glaube immer ein Mit-Glauben und das Lieben immer ein Mit-Lieben, so ist das von Christus Gesandtsein immer ein Mit-Gesandtsein. Es ist kein Zufall, dass im Neuen Testament immer wieder von der Sendung mehrerer die Rede ist.

Diesen Zusammenhängen gemäß sind Firmung und Kirche aufs Innigste miteinander verbunden. Zum einen gliedert die Firmung ihre Empfänger tiefer in die Kirche ein, zum anderen hilft sie mit, die Kirche selber aufzubauen. Ihrem Wesen nach „als Gesandte unterwegs"[91], ruft sie den Firmling in diese Bewegung hinein, die ihren Ursprung in Gott hat. Er wird animiert, fortan diese Bewegung mitzutragen. Das soll nicht dann und wann geschehen, wenn es ihm gerade gefällt; das ist immerzu von ihm gefordert. Die Firmung ist daher mehr als ein momentaner Impuls; sie ist eine dauernde Hilfe und ein dauernder Appell zum Helfen. Sie bietet nicht eine flüchtige Gabe an, sie prägt ein unauslöschliches Merkmal ein. Ist das Prägemal der Taufe wie das biblische Siegel, das vor dem Verderben bewahrt, so ist das Prägemal der Firmung wie eine Kennzeichnung derer, die sich für die Rettung anderer einzusetzen haben. Sie ist wie die Ordenskleidung, die nicht von den Menschen trennt, die ihnen vielmehr signalisiert: Wir gehören zu euch, wir wollen euch helfen. Ist der Taufe der Glaube zugeordnet, der sich ganz dem Herrn anvertraut, so entspricht der Firmung der Glaube, der zu sagen wagt: „Hier bin ich, sende mich" (Jes 6,8).

Dass das *Bußsakrament* ein Sakrament des Heiligen Geistes ist, können uns die Worte des Auferstandenen bewusst machen. Nachdem er die Jünger angehaucht hat, spricht er

91 II. Vatikanisches Konzil, Missionsdekret n. 2.

zu ihnen: „Empfangt den Heiligen Geist! Wem ihr die Sünden vergebt, dem sind sie vergeben; wem ihr die Vergebung verweigert, dem ist sie verweigert“ (Joh 20,22 f.). Die Sündenvergebung ist ein wahrhaft schöpferisches Geschehen. Durch den Heiligen Geist wird aus dem Sünder ein neuer Mensch. Dass bei der Beichte der Heilige Geist am Werk ist, zeigen die Worte der Lossprechung. Sie lauten: „Gott, der barmherzige Vater, hat durch den Tod und die Auferstehung seines Sohnes die Welt mit sich versöhnt und den Heiligen Geist gesandt zur Vergebung der Sünden. Durch den Dienst der Kirche schenke er dir Verzeihung und Frieden. So spreche ich dich los von deinen Sünden im Namen des Vaters und des Sohnes und des Heiligen Geistes.“ „Das Eingreifen des Heiligen Geistes erinnert uns daran, dass die Nachlassung der Sünden ein großer Liebesbeweis des Vaters ist, den er als Folge des großen Liebesbeweises Christi in seinem Opfertod vollzieht. Das lässt uns in jeder Lossprechung ein Hauchen brennender Liebe verspüren, das Hauchen des Vaters, der den verlorenen Sohn küsst, und das ersterbende Hauchen Christi, der sein Leben hingab, um diese Vergebung zu erlangen.“[92]

Höhepunkt des sakramentalen Geistwirkens ist die *Eucharistie.* Die Seele der Kirche ist auch die Seele der Heiligen Messe. Ohne diese Seele gibt es weder die Wandlung von Brot und Wein noch eine heilige Kommunion. Zu jeder Eucharistiefeier gehört daher die Bitte um den Heiligen Geist, die Epiklese. Sie wird auf verschiedene Weise ausgesprochen. Im dritten Hochgebet heißt es unmittelbar vor dem Einsetzungsbericht: „Heilige unsere Gaben durch deinen Heiligen Geist, damit sie uns werden Leib und Blut deines Sohnes, unseres Herrn Jesus Christus, der uns auf-

92 Wie Anm. 90, n. 139.

getragen hat, dieses Geheimnis zu feiern." Nach der Wandlung der eucharistischen Gaben wird die Wandlung der eucharistischen Gemeinde erbeten: „Stärke uns durch den Leib und das Blut deines Sohnes und erfülle uns mit seinem Heiligen Geist, damit wir ein Leib und ein Geist werden in Christus. Er mache uns auf immer zu einer Gabe, die dir wohlgefällt, damit wir das verheißene Erbe erlangen mit deinen Auserwählten." Diese kühne Bitte zielt darauf ab, dass wir durch den Heiligen Geist aufs innigste mit dem Erlöser und mit allen Erlösten vereint werden, so sehr, dass wir durch den Geist, der wesentlich Gabe ist, auch unsererseits zur Gabe werden.

Das vierte Hochgebet spricht ausführlicher vom Wesen und Wirken des Heiligen Geistes und ehrt ihn als „die erste Gabe" und als Kraft der Vollendung. Dann wird die Heiligung von Brot und Wein erbeten: „Damit wir nicht mehr uns selber leben, sondern ihm, der für uns gestorben und auferstanden ist, hat er von dir, Vater, als erste Gabe für alle, die glauben, den Heiligen Geist gesandt, der das Werk deines Sohnes auf Erden weiterführt und alle Heiligung vollendet. So bitten wir dich, Vater: der Geist heilige diese Gaben, damit sie uns werden Leib und Blut unseres Herrn Jesus Christus, der uns die Feier dieses Geheimnisses aufgetragen hat als Zeichen des ewigen Bundes." Nach der Wandlung lautet die erste Bitte: „Sieh her auf die Opfergabe, die du selber deiner Kirche bereitet hast, und gib, dass alle, die Anteil erhalten an dem einen Brot und dem einen Kelch, ein Leib werden im Heiligen Geist, eine lebendige Opfergabe in Christus zum Lob deiner Herrlichkeit." Im dritten Hochgebet wird erbeten, dass wir eine Gabe werden, die dem Vater wohlgefällt. Jetzt heißt es: „Opfergabe"! Durch den Heiligen Geist hat unser Erlöser sich als Opfergabe dem Vater dargebracht. Nun geht es darum, dass auch wir „eine lebendige Opfergabe in Christus" werden.

In der ostkirchlichen Markusliturgie wird in der Wandlungsbitte ausführlich vom Heiligen Geist gesprochen. Das kann uns helfen, ihn besser als den Geist der Kirche zu verstehen, als den Geist, der unser Geist werden will. Der Priester betet: „Wir flehen und rufen dich an, Menschenfreundlicher und Gütiger, sende von der Höhe deines Heiligtums, aus der dir bereiteten Wohnung, aus den unermesslichen Abgründen den Tröster selbst, den Geist der Wahrheit, den Heiligen, den Herrn, den Lebendigmacher. Er hat durch das Gesetz, durch die Propheten und Apostel gesprochen; er ist überall gegenwärtig und erfüllt alles und flößt aus eigenem Antriebe und nicht als Knecht Heiligung ein, wem er will, nach deinem Wohlgefallen. Einfach in seiner Natur ist er, vielgeteilt in seiner Wirksamkeit, die Quelle der göttlichen Gnaden, dir wesensgleich, von dir ausgehend und Genosse deines Reiches und des Reiches deines eingeborenen Sohnes, unseres Herrn, Gottes und Heilandes Jesus Christus. Sende noch auf uns und diese Brote und diese Kelche deinen Heiligen Geist, damit er sie als allmächtiger Gott heilige und vollende."[93]

In der Chrysostomusliturgie gibt es neben der großen Bitte um den Heiligen Geist, der Epiklese, einen kurzen Dialog zwischen Priester und Diakon. Er kann aufs knappste zusammenfassen, was das Wirken des Heiligen Geistes in der Eucharistie uns gibt und aufgibt. Am Ende des großen Einzugs sagt der Priester dem Diakon: „Der Heilige Geist wird auf dich herabkommen und die Kraft des Allerhöchsten wird dich überschatten." Das sind die Worte, die der Erzengel Gabriel Maria gesagt hat. Sie werden jetzt dem zugesprochen, der die Eucharistie mitfeiert. Der Diakon antwortet: „Der

93 Griechische Liturgien, hg. v. R. Storf, Kempten u. München 1912, 180.

Heilige Geist wird mit uns opfern alle Tage unseres Lebens."[94] Erinnert das Wort des Priesters an die Menschwerdung des Gottessohnes, so verweist die Antwort des Diakons auf dessen Opfer am Kreuz, das in der Heiligen Messe gefeiert wird. Von diesen Wundern der Liebe Gottes leben wir, sie sollen unser Leben bestimmen. Die Antwort des Diakons betrifft nicht nur das Geschehen bei der aktuellen Feier der Eucharistie. Der Geist der Kirche will auch unser Geist sein. Mit den Worten der Chrysostomusliturgie gesagt: Er will „mit uns opfern alle Tage unseres Lebens." Man kann auch übersetzen: „Derselbe Geist wird mit uns konzelebrieren alle Tage unseres Lebens."[95]

In Wort und Ton weist uns ein modernes Lied auf diese große Chance hin. Oft wird es bei Firmfeiern gesungen. In ihm heißt es: „Unser Leben sei ein Fest, Jesu Geist in unserer Mitte, Jesu Werk in unseren Händen, Jesu Geist in unseren Werken."[96] Bitten wir den Herrn, dass Jesu Geist in unserer Mitte lebt, in der Herzmitte eines jeden und in der Mitte unserer Gemeinschaft; bitten wir ihn, dass er auch beseelt, was wir tun dürfen, dass der Heilige Geist auch in unseren Werken lebt.

* „Heiliger Geist, vervollkommne in uns das Werk, das Jesus begonnen hat! Bestärke das Gebet und führe es weiter, das wir zu dir im Namen der ganzen Welt verrichten! Beschleunige in uns das Wachstum eines tiefen, innerlichen Lebens, gib unserem Apostolat Begeisterung, damit es alle Menschen, alle Völker erreicht, die durch das Blut Jesu Christi erlöst und sein Erbe sind! Tilge in uns die

94 A. a. O., 241.
95 Y. Congar, Der Heilige Geist, Freiburg 1982, 467.
96 Wie Anm. 1, Nr. 975,1.

Anmaßung der Natur, und erhebe uns auf die Ebene heiliger Demut, wahrer Gottesfurcht und hochherzigen Mutes! Kein irdisches Band möge uns daran hindern, unserer Berufung Ehre zu machen, kein eigennütziges Interesse möge uns träge machen und uns die Forderung der Gerechtigkeit aus den Augen verlieren lassen! Kein berechnender Geist möge die unendliche Weite der Liebe in die Enge unserer kleinen Selbstsucht zwingen! Alles an uns sei groß und weit: das Suchen und die Verehrung der Wahrheit, die Bereitschaft zum Opfer bis zu Kreuz und Tod! Alles möge im Einklang stehen mit dem letzten hohepriesterlichen Gebet des Sohnes zum himmlischen Vater und mit der Ausgießung, mit der der Vater und der Sohn dich, den Heiligen Geist der Liebe, über die Kirche und ihre Einrichtungen, über die einzelnen Menschen, über die Völker ausströmen wollten. Amen, Amen. Alleluia, alleluia."[97]

97 Johannes XXIII., Pfingsthomilie am 16. Juni 1962, in: Ders., Geistliches Tagebuch und andere geistliche Schriften, Freiburg [4]1964, 416 f.

Geist des Christen

Unser *Weg* hat im Abendmahlssaal seinen Anfang genommen. Von dort aus hat er uns ins Weite geführt: in die gesamte Schöpfung und über sie hinaus. Wir haben bedacht, wie der Heilige Geist am Anfang und in der Mitte der Schöpfung steht und uns durch die Geschöpfe nahe sein will. Dann haben wir uns zum Gottesvolk begeben. In ihm und für es haben insbesondere die Propheten als Instrumente des Heiligen Geistes gewirkt. Alle Wegstrecken führten zu Jesus Christus hin. Er kann uns mehr als jeder andere zeigen und lehren, was der Heilige Geist vermag. Wir haben Christus nicht verlassen, als wir uns dann dem Pfingstgeschehen zugewandt haben. In ihm ist die Kirche Gottes, der Leib Christi voll ins Leben eingetreten. Jetzt soll unser Weg uns dahin bringen, wo der Heilige Geist uns besonders nahe ist, er soll uns *zu uns selber* führen. In jeder und jedem von uns will der Heilige Geist wohnen. Zugleich will er mit uns und durch uns wirken. Das soll im Zentrum der kommenden Meditationen stehen.

Der heilige *Paulus* kann uns eine erste Erkenntnis- und Lebenshilfe geben. Er bezeugt, dass wir durch den Heiligen Geist Söhne und Töchter des Vaters sind (Röm 8,14–17) und damit Schwestern und Brüder Christi, und dass wir überdies berufen sind, Tempel des Heiligen Geistes zu sein, ein Gotteshaus, in dessen Allerheiligstem der Heilige Geist wohnen und wirken will (1 Kor 3,16; 6,19 f.). Im Blick auf dieses dreifache Wunder hat die Unbeschuhte Karmelitin Carmela vom Heiligen Geist ein Gebet formuliert, das ich an den Anfang unserer Besinnung stellen möchte. Es kann uns bewusst machen, dass es nicht um irgendein Theoretisieren geht, sondern um unser Leben, unser innerstes Leben. Unsere Schwester betet: „Komm, o Heiliger Geist, lass dich herab, mein innerer Meister zu werden. Gib mir wahre Kindlichkeit gegenüber dem himmlischen Vater, großes Vertrauen auf seine väterliche Güte, volle Hingabe an seinen Willen, unermessliche Dankbarkeit für seine Gnaden. Komm und gib mir alles ein, erinnere mich an alles, was Jesus gesagt hat; führe mich, übernimm die Leitung meines ganzen Wesens, hilf meiner Schwachheit, ersetze mein Ungenügen. ‚Niemand kann sagen: Herr Jesus, außer im Heiligen Geist.' Göttlicher Geist, bete also in mir und für mich."[98]

Nur wenn der Heilige Geist uns beisteht, können wir erfassen, was Paulus den Römern schreibt: „Ihr habt nicht einen Geist empfangen, der euch zu Sklaven macht, so dass ihr euch immer noch fürchten müsstet, sondern ihr habt den Geist empfangen, der euch zu Söhnen macht, den Geist, in dem wir rufen: Abba, Vater! So bezeugt der Geist selber unserem Geist, dass wir Kinder Gottes sind. Sind wir aber Kinder, dann auch Erben; wir sind Erben Gottes und sind Miterben Christi, wenn wir mit ihm leiden, um mit ihm auch verherrlicht zu werden" (Röm 8,15–17). Der Heilige Geist macht möglich und wirklich, was über unseren Verstand hinausgeht. Durch ihn werden wir wahrhaft *Kinder Gottes*. Bedenken wir: Wenn Gott uns, die wir so ganz anders sind als er,

---

98 Carmela vom Heiligen Geist in: Gabriel a S. Maria Magdalena OCD, Geheimnis der Gottesfreundschaft, Bd. II., Freiburg [5]1961, 209.

eines Tages adoptieren würde, wäre das eine unverdiente Gunst. Der Allheilige würde uns Sünder an Kindes Statt annehmen, er würde uns immer wieder durch Gaben seiner Liebe erfreuen; wir blieben freilich, wie wir sind, schwache Menschen, die sich der Gnade Gottes erfreuen können. Gott geht aber weit, unvorstellbar weit über eine solche Adoption hinaus. Er lässt uns durch den Heiligen Geist am Leben seines ewigen Sohnes teilhaben, so dass wir zusammen mit ihm wirklich Söhne, wirklich Töchter Gottes sind. Nachdrücklich heißt es im ersten Johannesbrief: „Wir heißen Kinder Gottes, und wir sind es" (1 Joh 3,1). Durch den Heiligen Geist werden wir hineingenommen in das innige Verhältnis des Sohnes zum Vater.

Dieses findet seinen Ausdruck im kindlichen *Abba,* lieber Vater, das Gottes Sohn in der Ewigkeit dem Vater sagt und das er gesprochen hat, als er auf Erden lebte. Max Josef Metzger, der sein Leben bewusst für die Einheit und den Frieden opferte, hat drei Wochen nach seinem Todesurteil über dieses Geschehen geschrieben:

„Als in der Zeiten Fülle Gott den Sohn
Im Menschenfleisch zur Menschenerde sandte,
War ‚Abba' dieses Lebens erster Laut,
Und ‚Abba', Vater, war Sein letztes Wort.
Denn Abba Vaters Wille war Sein Leben,
Und Abbas Liebe Seine Seligkeit."[99]

Zusammen mit dem „Amen", dem „Ja, Vater" ist das Abba der Wesensausdruck des Lebens und Wirkens Jesu. Seine ganze Botschaft lässt sich mit diesen beiden Worten zusam-

---

99 Max Josef Metzger, Christuszeuge in einer zerrissenen Welt, hg. v. K. Kienzler, Freiburg 1961, 144.

menfassen. „Das Abba der Gottesanrede Jesu enthielt das Herzstück seines Gottesverhältnisses."[100] In seinem Abba kommt zum Ausdruck, wie er den himmlischen Vater sieht und wie er sich selbst versteht. „Ja, Vater!" heißt die Grundentscheidung Jesu. „Ja, Vater!" war seine Grundhaltung. „Ja, Vater!" war seine Grundidee, „die Idee, die sein Leben gestaltete, seine Schritte lenkte, seine Taten bestimmte. Das war die Idee, die ihn auf die Welt zog, die ihn am Kreuze sterben ließ, die ihn, den ‚Menschensohn' (Dan 7,13), aber auch hinaufführte in den Schoß der Allerheiligsten Dreifaltigkeit. Sein Leben war ein Preisgesang auf den Vater, eine dauernde, freudige Bejahung des göttlichen Vaterwillens: Ja, Vater!"[101] Jesu Leben ist ein Fleisch und Blut, Herz und Geist gewordenes „Abba, Amen!"

In dieses „Abba, Amen" nimmt der Heilige Geist uns hinein. Im Galaterbrief schreibt Paulus, dass der Geist selber es in uns ruft. Wörtlich heißt es: „Weil ihr aber Söhne seid, sandte Gott den Geist seines Sohnes in unser Herz, den Geist, der ruft: Abba, Vater" (Gal 4,6). Im Römerbrief stellt der Apostel heraus, dass *wir* selber es sind, die im Heiligen Geist „Abba, Vater" rufen dürfen. Was von beidem gilt? Beides! Beides sind zwei Seiten eines Geschehens. Dieses geht ganz vom Heiligen Geist aus. Er behandelt den Menschen nicht wie einen toten Lautsprecher, durch den er sich dem Vater zuwendet. Er befreit den Menschen und befähigt ihn, sich das Wort des Heiligen Geistes so zu eigen zu machen, dass das „Abba, Amen" Äußerung des Heiligen Geistes und zugleich Äußerung des Erlösten ist. Beglückt von diesem Geschenk beschließt der Todeskandidat Metzger sein Abba-Amen-Gedicht mit den Worten:

---

100 J. Jeremias, Abba, Göttingen 1966, 63.

101 R. Gräf, Ja, Vater. Alltag in Gott, Regensburg 1961, 20.

„Es ist nicht Traum, beglückend ist die Wahrheit,
Die Gottes und der Menschen Sohn uns lehrt:
Wir zeitverlorenen Menschen dürfen sagen,
Was ew'ges Vorrecht ew'gen Sohns einst war:
Du ew'ger Gott, Gott Abba: Vater unser!“[102]

Der Heilige Geist belässt es nicht bei diesem Wortgeschehen. Er verbindet uns so mit dem Sohn Gottes, dass wir an seinem Geschick teilhaben. Deshalb gehört zum rechten „Ja, Vater“ auch das *Ja zur Nachfolge Christi*, zum Mitleben und Mitlieben, zum Mitleiden und zum Mitsterben mit Jesus Christus. Je mehr das verwirklicht wird, umso mehr kommt es auch zum Mitverherrlichtwerden. Symbol dafür ist das Empfangen des gemeinsamen Erbes Gottes. Paulus stellt das den Römern wie den Galatern gegenüber heraus: „Sind wir Kinder, dann auch Erben, wir sind Erben Gottes und Miterben Christi“, schreibt er den Römern (Röm 8,17); den Galatern versichert er: „Du bist nicht mehr Sklave, sondern Sohn; bist du aber Sohn, dann auch Erbe, Erbe durch Gott“ (Gal 4,7).

Der Kirchenvater Athanasius schreibt von der Menschenfreundlichkeit Gottes: „Vater wird er, wenn die Menschen den Geist des Sohnes in ihre Herzen aufnehmen, der da ruft: Abba, Vater! Dies aber sind alle, die das Wort aufgenommen und von ihm die Macht erlangt haben, Kinder Gottes zu werden. Denn als geschaffene Wesen können sie auf keine andere Weise Söhne werden als dadurch, dass sie den Geist dessen empfangen, der seiner Natur nach wahrer Sohn ist. Gerade dazu ist der Sohn Fleisch geworden, um die Menschen fähig zu machen zum Empfang des Geistes.“[103] So können wir mit

102 Wie Anm. 99.
103 Athanasius, Gegen die Arianer II, 59.

Paul Gerhardt, dem wir etliche Lieder verdanken, frohen Herzens singen:

„Sein Geist wohnt mir im Herzen,
regieret meinen Sinn.
Vertreibt mir Sorg und Schmerzen,
nimmt allen Kummer hin.
Gibt Segen und Gedeihen
dem was er in mir schafft,
hilft mir das Abba schreien
aus aller meiner Kraft.“[104]

Im Blick auf die liebende Gegenwart des Heiligen Geistes in unserem Herzen gebraucht Paulus das Bild vom *Tempel.* Den Korinthern, die ihm durch ihr Versagen große Sorgen machen, schreibt er: „Wisst ihr nicht, dass euer Leib ein Tempel des Heiligen Geistes ist, der in euch wohnt und den ihr von Gott habt?“ (1 Kor 6,19). „Wenn man bedenkt, welche Bedeutung dem Tempel von Jerusalem in der jüdischen Religion zukam, dann begreift man durch diesen Vergleich besonders gut, welche Weihe der Heilige Geist jedem Menschen verleiht, in dem er wohnt. Vorrecht des Tempels von Jerusalem war ja gerade, dass Gottes Gegenwart in ihm weilte; das machte ihn zum Mittelpunkt der Gottesverehrung. Dieses Privileg ist künftig auf alle Christen ausgedehnt, die der Heilige Geist dauernd in den Besitz der göttlichen Gegenwart setzt – insoweit wenigstens, als sie willens sind, sie bei sich zu empfangen.“[105]

Der Heilige Geist will nicht weniger als eine bleibende heilige Kommunion mit uns feiern. Es muss uns nachdenklich machen, was der besonnene Theologe Matthias Josef Schee-

104 Paulus Gerhardts geistliche Lieder, Gütersloh 1874, 252.

105 J. Galot, Der Geist der Liebe, Mainz 1960, 110.

ben in seinem Buch „Die Herrlichkeiten der göttlichen Gnade“ festhält: „In der heiligen Kommunion kehrt der Gottmensch mit seinem heiligen Leibe in unser Inneres ein, freilich nur für wenige Augenblicke, solange die Gestalten des Brotes sich erhalten. Nun ist aber die Gottheit des Heiligen Geistes ohne Zweifel etwas Größeres und Erhabeneres als selbst der Leib Christi, und anstatt uns bald zu verlassen, wird sie uns desto inniger verbunden, je mehr wir sie festhalten und uns ihr nähern ... Warum sollten wir also dem Heiligen Geiste in unserem Herzen nicht wenigstens dieselbe Achtung und Ehre erweisen, die wir dem Leibe des Heilandes, sei es auf dem Altare oder im Tabernakel, sei es bei seinem Genusse in der heiligen Kommunion bezeigen?“[106]

An uns ist es, von ganzem Herzen immer wieder und immer wieder neu den Heiligen Geist um sein Kommen und um sein Bleiben zu bitten. Papst *Pius XII.* hat uns das vorgelebt und vorgebetet. Bitten wir mit ihm: „Komm, Heiliger Geist, erwähle meinen Leib zu deinem Tempel! Komm und bleibe bei mir immerdar ... Dir schenke ich alle Fähigkeiten meines Leibes und meiner Seele. Beherrsche alle meine Leidenschaften, Gefühle und Regungen. Nimm hin meinen Verstand und meinen Willen, mein Gedächtnis und meine Phantasie. O Heiliger Geist der Liebe, gib mir ein reiches Maß deiner wirksamen Gnade. Gib mir die Fülle aller Tugenden; vermehre meinen Glauben, stärke meine Hoffnung, vermehre mein Vertrauen und entzünde meine Liebe. Verleihe mir die Fülle deiner sieben Gaben, deiner Früchte und Seligkeiten. Allerheiligste Dreifaltigkeit, möge meine Seele dein Heiligtum sein.“[107]

---

106 M. J. Scheeben, Gesammelte Schriften Bd. I, Die Herrlichkeiten der göttlichen Gnade, hg. v. R. Grosche, Freiburg 1949, 66.

107 Pius XII. in: A. M. Weigl, Aus dem Gebetsschatz der heiligen Kirche, Altötting ^{4}1973, 157.

Aus gutem Grund nennt man das Beten *Atmen der Seele.* Wir haben das Beten so nötig wie unser Leib das Atmen braucht. Vom ersten bis zum letzten Atemzug wird unser Leben von ihm bestimmt. Vom steten Ein- und Ausatmen gewinnen wir die Lebensluft, ohne die wir nicht existieren können. Das wird uns am unmittelbarsten klar, wenn der Atem ausbleibt. Ohne Nahrung aufzunehmen kann der Mensch etliche Tage überleben; ohne etwas zu trinken, schafft man es ein paar Tage; ohne Atmung ist es in wenigen Minuten aus mit unserem Leben. Atem ist Leben, nicht atmen ist Tod. Näherhin sind wir auf *das Einatmen und das Ausatmen* angewiesen. Der Einatmende ist ganz auf das Empfangen eingestellt; er ist ganz auf es angewiesen. Jeder Atemzug sagt uns, dass wir zuerst empfangen müssen, um leben und erst recht um geben zu können. Im Glauben dürfen wir wissen, dass alles, was wir empfangen, vom ewigen Vater ausgeht. Er ist uns nicht nur in jedem Augen-blick, sondern in jedem Atem-holen nah. Wir holen den Atem bei ihm ab, auch wenn uns das zumeist nicht bewusst ist. Beim Einatmen nehmen wir den Lebensodem auf, ohne den wir nicht zu existieren vermögen. Im Licht des Glaubens können wir sagen: Mit jedem Atemzug wird aufs neue Wirklichkeit, was im Buch Genesis über das Werden des Menschen berichtet wird: Es geschieht durch das Mitteilen des göttlichen Lebenshauchs (Gen 2,7). Der Vater schenkt uns immerzu seinen Lebensatem. Wir sind „dazu berufen und darauf angelegt: durchatmet und durchlebt zu werden von dem Großen Leben, von der Lebenskraft Gottes“[108], vom Heiligen Geist.

Wie das Einatmen dem Grundgeschehen des Empfangens entspricht, so das *Ausatmen* dem Grundauftrag des Gebens.

108 J. Bours, Der Gott, der mein Hirte war mein Leben lang, Freiburg 1993, 101 f.

Dass dabei auch das Verbrauchte bzw. Schädliche ausgeatmet wird, unterscheidet unser Atmen wesentlich von dem Lebenshauch, den wir Gott verdanken. Gleichwohl übt der Ausatmende ein *Mit-teilen* aus, das ihn mit Gott und der Welt verbindet. Dem Aufnehmen durch das Einatmen folgt das Abgeben beim Ausatmen; dem Festhalten schließt sich das *Loslassen* an. Dieses ist unerlässliche Voraussetzung dafür, dass wiederum richtig eingeatmet werden kann. Deshalb legen die Experten, die zum gesunden Atmen verhelfen wollen, größten Wert darauf, dass das Ausatmen optimal geschieht. Auch die Meister des geistlichen Lebens messen dem Ausatmen größte Bedeutung zu. Pater Johannes B. Lotz SJ lehrt sogar, bei der Bereitung zur Meditation sei „das Ausatmen wichtiger als das Einatmen. Im Ausatmen atme ich mich in die große Wirklichkeit aus und gebe mich ihr ganz hin; einzig so werde ich mit dem eins, was mich überschreitet. Erst aufgrund der Hingabe kann sich das Einatmen als wahre Assimilation vollziehen; ich atme die große Wirklichkeit ein und assimiliere sie mir, was aber tiefer bedeutet, dass ich mich ihr angleiche oder von ihr mich aufnehmen lasse“[109],

Das *„Abba Amen“*, das der Heilige Geist in uns spricht und das wir uns zu eigen machen dürfen, entspricht in besonderer Weise dem, was im Einatmen und im Ausatmen geschieht. Das „Abba Amen“ ist geradezu dazu prädestiniert, mit dem Atem verbunden zu werden. Abba und Amen sind kurze Worte, die jeder behalten kann. Zugleich sind sie voller Dynamik. Sie zielen auf den Allerhöchsten und fordern vom Menschen das Allerbeste. Sie sind existenzielle Worte von besonderer Qualität. Das Abba gehört samt seinen Entsprechungen in den verschiedenen Sprachen zu den ersten Wor-

---

109 J. B. Lotz, Einübung ins Meditieren am Neuen Testament, Frankfurt 1965, 93.

ten, die ein Menschenkind von sich gib; das Amen zählt zu den wenigen Worten, von denen das Gelingen des menschlichen Lebens entscheidend abhängt: Der Mensch, der durch das Ja der Liebe Gottes entstand, ist auf das Ja angelegt; er findet im bewussten und entschiedenen Ja zum liebenden Gott und zu seinem Willen seine Erfüllung. Abba und Amen sind schließlich wesenhaft Worte des Dialoges: Das Abba ist Antwort auf die Liebe des Vaters, das Amen ist Antwort auf alles, was er von uns will. Im Übrigen muss man nicht lange studieren und reflektieren, um den Sinn beider Worte wahrzunehmen; zugleich reicht ein lebenslanges Nachdenken nicht aus, ihren ganzen Sinn zu erfassen.

Im Abba können wir zum Ausdruck bringen, dass wir alles dem liebenden Vater verdanken. Zugleich können wir mit dem Abba-Amen sagen, dass wir ihm in allem vertrauen. Dazu gehört, dass wir seinen Willen uneingeschränkt bejahen. Das ist der Sinn von Jesu Amen, das ist die Aufgabe, die vor uns liegt. Das Amen bringt die Antwort zum Ausdruck, die auf das Geschenk des Lebenshauches fällig ist, die Antwort der Liebe, die dem gebührt, den wir mit „Abba“ ansprechen dürfen. Das Amen signalisiert unser Ja zu allen Gaben und Aufgaben, die uns zugedacht werden. Als Grundform des Glaubens bestätigt es das aus Gnade gewährte Empfangen und bekundet die Bereitschaft, es anzunehmen, einzusetzen und nach Kräften mitzuteilen. Es zeigt an, dass die Hingabe Gottes die Hingabe des Menschen einfordert. Das vollständige Ausatmen lehrt uns, nichts von dem Empfangenen zurückzubehalten. Wir erhalten umso mehr, je mehr wir zu geben bereit sind.

Das „Abba, alles von dir“ inspiriert zu dem „Amen, alles für dich“, das „Abba, alles von dir her“ zum „Amen, alles auf dich hin“. So verweist der Doppelrhythmus des Atmens in Verbindung mit dem Abba Amen auf die beiden fundamentalen Glaubensaussagen: „Gott alles in allem“ und „Alles in allem zu Gott.“ Wie unser Leben mit dem Einatmen beginnt, so endet es mit dem letzten Atemzug. Selig, wer diesen mit dem letzten „Amen“ verbinden kann, auch wenn es nicht mehr hörbar über die Lippen kommt.

* Heiliger Geist, Gottes Geist, Gott.
Du bist göttlich groß wie Gott-Vater und Gott-Sohn.
Mit ihnen lebst du von Ewigkeit zu Ewigkeit
in unermesslicher Seligkeit.
Immerzu wirkst du mit dem Vater und dem Sohn.

In allem bist du und wirkst du, unvergänglicher Geist.
In allem begegnen wir nicht nur deinen Werken,
sondern deinem Wirken:
nicht nur Fakten, sondern Taten,
nicht nur Ergebnissen, sondern Gaben,
deinen Taten, deinen Gaben, dir.

Du schenkst mit dem Vater und dem Sohn
alle Gnadengaben,
Dienste und Kräfte.
Zusammen mit dem Vater und dem Sohn bist du
der Gott-mit-uns,
der Gott-in-uns.
Zusammen mit dem Vater und dem Sohn
beten wir dich an,
verherrlichen wir dich, sagen wir dir Dank.
Höre uns, erhöre uns, beseele uns, beselige uns!“[110]

---

110 Wie Anm. 2, 49.

Geist des Gebetes

Die Jünger Jesu waren gut beraten, als sie ihn baten: „Herr, lehre uns beten" (Lk 11,1). Sie konnten ja erleben, mit welcher Hingabe, mit welcher Begeisterung, mit welcher Freude ihr Meister betete. Sie sahen, wie viel Zeit er dem Gebet widmete. Sie konnten ahnen, dass sein ganzes Leben ein einziges intensives Gebet war. Wenn sie sich demgegenüber auf ihre Versuche zu beten besannen, konnten sie erkennen, dass ihr Gebet weltweit von dem ihres Meisters entfernt war. Bei uns ist es nicht anders. Deshalb sollten wir uns die Bitte der Jünger zu eigen machen und uns von unserem Erlöser in das Geheimnis des Betens einführen lassen. Kommen wir diesem auf die Spur, dann zeigt sich eine dreifache Verbindung mit dem Heiligen Geist:

1. Beten ist ein Gnadengeschenk Gottes. Daher hängt es wesentlich mit dem Heiligen Geist zusammen, der die Gabe aller Gaben ist, Gott als Gabe.
2. Beten heißt lieben. Deshalb gründet und mündet es im Heiligen Geist, dem Geist der Liebe.
3. Beten schenkt Gemeinschaft, es lebt von ihr und für sie. So ist es mit dem Heiligen Geist verbunden, der das Wir im dreieinen Gott ist. Wie der Sohn das Du des Vaters ist, so ist der Heilige Geist das göttliche Wir, das Vater und Sohn vereint.

Wenn das so ist, und es ist so, dann liegt es nahe, immer wieder *um den Heiligen Geist* und seine Hilfe zu beten. Die Jünger haben es uns vorgemacht. Vereint mit der Mutter Jesu haben sie im Abendmahlssaal um den Heiligen Geist gebetet, den der Herr ihnen verheißen hatte. „Alle verharrten dort einmütig im Gebet" (Apg 1,14). So wurden sie bereit, ihn am Pfingstfest zu empfangen. Die Urgemeinde setzte das Gebet fort. Von den ersten Christen heißt es: „Sie hielten an der Lehre der Apostel fest und an der Gemeinschaft, am Brechen des Brotes und an den Gebeten" (Apg 2,42). Als sie schon bald die Verfolgung und zugleich die Hilfe Gottes erleben, haben sie „einmütig ihre Stimme zu Gott" erhoben (Apg 4,24). Sie bitten den Herrn: „Streck deine Hand aus, damit Heilungen und Zeichen und Wunder geschehen durch den Namen deines heiligen Knechtes Jesus. Als sie gebetet hatten, bebte der Ort, an dem sie versammelt waren, und alle wurden mit dem Heiligen Geist erfüllt, und sie verkündeten freimütig das Wort Gottes" (Apg 4,30 f.). Die Jünger Jesu konnten sich auf das Wort ihres Herrn verlassen. Er hatte ihnen versprochen: „Bittet, dann wird euch gegeben; sucht, dann werdet ihr finden" (Lk 11,9). Er hat ihnen die Gabe aller Gaben zugesagt: „Wenn nun schon ihr, die ihr böse seid, euren Kindern gebt, was gut ist, wie viel mehr wird der Vater im Himmel den Heiligen Geist denen geben, die ihn bitten" (Lk 11,13).

In allen Jahrhunderten haben die Christen um das Kommen des Heiligen Geistes gebetet. Erinnern wir uns an das „Veni, Creator Spiritus", „Komm, Schöpfer Geist", das um 800 entstanden ist, und an die Pfingstsequenz „Veni, Sancte Spiritus", „Komm, Heiliger Geist" aus der Zeit um 1200. In der Überzeugung, dass der Heilige Geist den Menschen „zu sich selbst und über sich selbst hinaus" bringt, hat Alfred Delp sie sich im Angesicht des Todes auslegend zu eigen gemacht. Zu Recht sieht er im Heiligen Geist „das Prinzip des übernatürlichen Lebens"[111], und damit das Prinzip des Betens. Im Wissen darum betet P. Aurillon: „Heiliger Geist und Heiligmacher, allmächtiger Gott, wesenhafte Liebe des Vaters und des Sohnes, anbetungswürdiges Band der erhabensten Dreieinigkeit, ich bete dich an und liebe dich aus meinem ganzen Herzen. Unerschöpflicher Quell der Gnade und Liebe, erhelle mein Gemüt, heilige meine Seele und entflamme mein Herz. Gott der Güte und des Erbarmens, komm zu mir. Besuche mich, erfülle mich, bleib in mir, mach aus meinem Herzen einen Tempel und ein beseeltes Heiligtum, wo du meine Anbetung und Huldigung entgegennehmen und deine Wonnen finden magst. Quell lebendigen Wassers, das ins ewige Leben springt, bewässere, tränke meine Seele, die nach Gerechtigkeit dürstet … Unsagbares Licht, erleuchte mich; vollkommene Heiligkeit, weihe mich; Geist der Wahrheit, ohne dich bin ich im Irrtum; Geist der Liebe, ohne dich bin ich Eis; Geist der Salbung, ohne dich bin ich in Trockenheit; Geist des Lebens und der Belebung, ohne dich bin ich im Tode."[112]

Wie sehr wir der Hilfe des Heiligen Geistes bedürfen, hat Paulus den Römern gegenüber bekannt. Er schreibt: „Der Geist nimmt sich unserer Schwachheit an. Denn wir wissen nicht, worum wir in rechter Weise beten sollen" (Röm 8,26). Dass wir zu beten versuchen, ist menschlich. Wie wir es von uns aus tun, ist leider allzu menschlich. Das zeigt sich nicht zuletzt in dem, was wir erbitten. Selbst im Gebet bleiben wir im Gefängnis unseres Egoismus gefangen. Unsere Bitten kreisen zumeist um unser Ich. Wir laufen Gefahr, Gott in unseren Dienst zu nehmen, anstatt ihm zu dienen; wir nei-

---

111 A. Delp, Im Angesicht des Todes, Freiburg 1958, 122.

112 P. Aurillon in: Gabriel a S. Maria Magdalena OCD, Geheimnis der Gottesfreundschaft, Bd. III, Freiburg [3]1960, 210.

gen dazu, Gott als Erfüllungsgehilfen unserer Wünsche anzugehen, anstatt seine Wünsche zu erfüllen, die besser für uns und für alle Menschen sind, als unsere es sein können. In dieser Misere verspricht uns der Apostel: „Der Geist nimmt sich unserer Schwachheit an …; der Geist selber tritt jedoch für uns ein mit Seufzen, das wir nicht in Worte fassen können … Er tritt so, wie Gott es will, für die Heiligen ein" (Röm 8,26 f.). „Wir wissen nicht, was wir geziemend erbitten sollen; Er aber weiß es, und das ist genug."[113] Karl Rahner hat bewegende Worte über die uns zugedachte Hilfe gefunden. In seinem Buch „Von der Not und dem Segen des Gebetes" schreibt er: „Der Geist ist unser Helfer im Gebet. Werden wir müde im Gebet, Er ermüdet nicht. Überkommt uns ein grenzenloser Überdruss an der Hohlheit unseres Herzens und unseres Gebetes, Er bleibt selig in der immer morgendlichen Frische des Jubels, mit dem Er den Vater preist; erschrecken wir über den geheimen Unglauben, der wie ein tödliches Gift schon die Gebetsworte zu töten scheint, bevor sie ganz dem Herzen entstiegen sind, Er spricht die Worte, die nicht mehr glauben, weil sie schon selber das Geglaubte in Schau sind."[114]

Der Heilige Geist ermöglicht unser Gebet und beseelt es. Zugleich betet er selber mit uns und für uns. „Dieser Geist Gottes im Menschlichsten des Menschen, im Herzen …, dieser starke Geist, der noch hinter all unserer Schwachheit wohnt, Er betet in uns. Er tritt mit unaussprechlichen Seufzern für uns ein. Er ist nicht nur der Gott, vor dem wir niederknien, Er wirkt in uns, mit uns, für uns … Wie unser Herz tiefer ist, als der Tag gedacht, so ist unser Gebet tiefer als das kindlich einfältige Gedänklein, das durch unser ausge-

113 K. Rahner, Von der Not und dem Segen des Gebetes, Freiburg 1958, 39.

114 A.a.O., 39 f.

dörrtes Gehirn zieht, herrlicher als das armselige Gefühl, das wie ein kleines Moos gerade noch kümmerlich auf dem hartgetretenen Boden unseres Herzens dahinvegetiert. Wenn wir beten, da steigen die Worte des Gebets gleich Adlern auf, und sie fliegen mit den Schwingen des Heiligen Geistes durch die Endlosigkeit des Landes Gottes, ohne zu ermatten, bis dorthin, wo Er ganz Er selber ist und sein Herz.“[115] „Der Geist Gottes betet in uns. Das ist die erhabenste Würde unseres Gebetes. Der Geist Gottes betet in uns, wenn wir in sein Gebet einstimmen. Das gibt uns eine neue – aber auch selige – Pflicht und Verantwortung, nun auch wirklich zu beten und nicht nachzulassen. Er betet in uns. Das ist die nie versagende Kraft des Gebetes.“[116] Mit Karl Rahner dürfen wir festhalten: „Unser Gebet ist gewissermaßen durch den Heiligen Geist konsekriert.“[117]

(1) Als *Gabe* aller Gaben, als Gott als Gabe animiert uns der Heilige Geist zu Dank und Lobpreis. Er vermittelt die Grunderkenntnis: „Alles ist Gnade.“ Er hilft uns, für alles zu danken. Er bewirkt, dass sich immerzu mit dem Danken die Freude paart. Mit der Hilfe des Heiligen Geistes können wir dem apostolischen Appell folgen: „Singt Gott in eurem Herzen Psalmen, Hymnen und Lieder, wie sie der Geist eingibt, denn ihr seid in Gottes Gnade“ (Kol 3,16). Ähnlich heißt es im Epheserbrief: „Lasst euch vom Heiligen Geist erfüllen! Lasst in eurer Mitte Psalmen, Hymnen und Lieder erklingen, wie der Geist sie eingibt. Singt und jubelt aus vollem Herzen zum Lob der Herrlichkeit! Sagt Gott, dem Vater, jederzeit Dank für alles im Namen Jesu Christi, unseres Herrn!“ (Eph 5,18–20).

---

115 A. a. O., 37 f.

116 A. a. O., 40 f.

117 A. a. O., 41.

(2) In unserem Beten erweist sich der Heilige Geist als der Geist der *Liebe,* als die Liebe in Person. Seine Gegenwart in uns „ist selbst Gebet, wie es auch die in den Herzen ausgegossene Liebe ist. Sie ist Gebet, weil sie Liebe ist“[118]. Liebe sucht den Geliebten; Liebe lässt nicht von ihm ab; Liebe sagt nie: Jetzt ist es genug; erst recht meint sie nicht: Jetzt bin ich gut genug; Liebe schenkt sich dem Geliebten hin: All das zeichnet das qualifizierte Beten aus. Zugleich macht es uns erneut bewusst, dass wir das nicht aus eigener Kraft fertigbringen, sondern nur, wenn der Geist der Liebe uns beseelt. Er erbarmt sich unser. Es ist nicht ein Erbarmen, das aus der Distanz ein gewisses Mitleid äußert und eine begrenzte Hilfe übermittelt. Es ist ein Erbarmen, das sich unsere Not zu eigen macht, das sich mitten in sie hineingibt. Der Heilige Geist „nimmt sich unserer Schwachheit an“; er tritt „für uns ein mit Seufzen, das wir nicht in Worte fassen können“ (Röm 8,26). „Es ist ein Seufzen, das unsere Schwachheit nicht teilt und doch Anteil an ihr nimmt und sie auf sich nimmt.“[119] Als Geist der Liebe gibt er „unserem Beten Herzlichkeit, eine gesunde, tiefe Herzlichkeit und Zärtlichkeit“[120].

(3) Als die persönliche Liebe von Vater und Sohn, als vollkommenster Ausdruck der Hingabe und Gemeinschaft zwischen beiden erstrebt der Heilige Geist auch im menschlichen Beten die *Gemeinschaft* aller Erlösten mit Gott und untereinander. „Wo der Liebesgeist Gottes am Werke ist, da kann es keine Absonderung und Vereinzelung, kein auf sich selbst gestelltes einsames Ich mehr geben, sondern nur ein

---

118 F. X. Durwell, Der Geist des Herrn. Tiefe Gottes – Schöpferische Weite, Salzburg 1986, 166.

119 H. Schlier, Der Römerbrief, Freiburg 1977, 269.

120 C. M. Martini, Was allein notwendig ist, Freiburg 1984, 159.

liebeerfülltes ‚Wir'.«[121] Alle, die „im Geist und in der Wahrheit" beten (Joh 4,23 f.), werden in dieses Wir des dreieinen Gottes hineingerufen. Zugleich wird das Wir der Betenden untereinander vertieft und verstärkt.

Weil der Heilige Geist immerzu in uns wohnen und wirken will, kann durch ihn wahr werden, was aus eigener Kraft nicht zu schaffen ist: Durch ihn können wir ihm voll Vertrauen sagen:

„Du stille Macht, du verborgne Kraft,
Geist des Herrn, der in uns lebt und schafft,
wohne du uns inne, uns anzutreiben;
bete du in uns, wo wir stumm bleiben."[122]

Durch den Geist des Gebets können wir Menschen des Gebets werden. Uns allen gilt der apostolische Appell: „Hört nicht auf, zu beten und zu flehen! Betet jederzeit im Geist; seid wachsam, harrt aus" (Eph 6,18).

* „Heiliger Geist, Allerhöchster, Allernächster.
Alles lebt in deiner Gegenwart.
Alles lebt von deiner Gegenwart.
Du erfüllst den Erdkreis und kennst jeden Laut.

Jede Stimme lebt von deinem Hauch,
durch dich erklingt sie, durch dich spricht und singt sie.
Spricht sie aus, was ist, redet sie von dir.
Spricht sie den Nächsten an,
so bist du als Allernächster dabei.

---

121 F. Hofmann in: R. Grosche (Hg.), Ich glaube. Eine Auslegung des apostolischen Glaubensbekenntnisses, Paderborn ²1936, 162.

122 Wie Anm. 1, Nr. 248,3.

Spricht sie zu Gott, geschieht es durch dich:
Du hauchst unserem ohnmächtigen Buchstabieren Leben ein,
gibst ihm Sinn und Segen, Bewegung und Wirkmacht,
Konzentration und Zielstrebigkeit.
Was wir sind und was wir sagen,
kann durch dich zur Melodie werden,
die zusammenklingt mit allen anderen Stimmen deiner Welt,
zum Lobe deiner Herrlichkeit.
Nur durch dich können wir von dir, zu dir, mit dir,
in dir sprechen und singen.
Nimm dich unserer Schwachheit an.
Tritt für uns ein, hilf uns, rette uns!«[123]

123 Wie Anm. 2, 45.

Geist des Lebens

In ihrem großen Credo bekennt die Kirche als Erstes vom Heiligen Geist, dass er „Herr ist und lebendig macht". Wir tun gut daran, darüber nachzudenken, dass der Heilige Geist der Geist des Lebens ist, und uns zu fragen, was das für uns persönlich bedeutet, ist unser Leben doch von innen und außen bedroht, suchen wir doch bewusst oder unbewusst die Fülle des Lebens, sehnen wir uns doch nach einem Leben, das niemals endet.

Hören wir zunächst, was Jesus seinen Landsleuten und uns über den Geist des Lebens offenbart. Er tut es an einem der großen Feste des jüdischen Volkes, am Laubhüttenfest. Eine ganze Woche lang wird es gefeiert. Nach dem Zeugnis des Buches Levitikus hat Gott selbst es angeordnet: „Alle Einheimischen in Israel sollen in Hütten wohnen, damit euere kommenden Generationen wissen, dass ich die Israeliten in Hütten wohnen ließ, als ich sie aus Ägypten herausführte" (Lev 23,42 f.). „Seid sieben Tage lang vor dem Herrn, eurem Gott, fröhlich!" (Lev 23,40). Die Erinnerung an die Hilfe und an den Schutz Gottes, den man auf dem Weg in die Freiheit erfahren hatte, sollte immer wieder froh und dankbar machen. Überdies feierte man die beständige Hilfe Gottes, die sich in der neuen Ernte zeigt. Jesus ist dabei, als frohen Herzens gefeiert wird. Er kündet eine Befreiung und eine

Ernte an, die weit über das hinausgeht, was man bis dahin erleben konnte.

Johannes berichtet: „Am letzten Tag des Festes, dem großen Tag, stellte sich Jesus hin und rief: Wer Durst hat, komme zu mir, und es trinke, wer an mich glaubt. Wie die Schrift sagt: Aus seinem Inneren werden Ströme von lebendigem Wasser fließen. Damit meinte er den Geist, den alle empfangen sollten, die an ihn glauben; denn der Geist war noch nicht gegeben, weil Jesus noch nicht verherrlicht war" (Joh 7,37–39).

Am letzten Tag der Festwoche „zogen die Priester morgens zur Schiloachquelle, schöpften Wasser und brachten dieses in den Tempel, um es, wie an den vergangenen Festtagen, zum letzten Mal auf dem Brandopferaltar auszugießen. Die unter dem Jubel des Volkes vollzogene Libation erinnerte an den Felsen, der zur Zeit der Mose-Generation Wasser spendete, und verwies gleichzeitig auf die Tempelquelle, die nach der Verheißung der Propheten in der messianischen Zeit beständig frisches Wasser geben wird"[124]. Von diesem Wasser hat der Prophet Ezechiel gesagt, es werde selbst das salzige Wasser des Toten Meeres gesund machen. „Wohin der Fluss gelangt, da werden alle Lebewesen, alles, was sich regt, leben können und sehr viele Fische wird es geben …; wohin der Fluss kommt, dort bleibt alles am Leben" (Ez 47,8 f.). Auch Jesaja hat prophezeit: „Ihr werdet Wasser schöpfen voll Freude aus den Quellen des Heils" (Jes 12,3). Im zweiten Teil des Jesajabuches wird das gottgeschenkte Wasser ausdrücklich mit dem Heiligen Geist verbunden. Gott sagt durch den Propheten: „Fürchte dich nicht … Denn ich gieße Wasser auf den dürstenden Boden; reißende Bäche auf das trockene Land, ich gieße meinen Geist über deine Nachkommen aus

124 J. Gnilka, Johannesevangelium, Würzburg 1983, 62.

und meinen Segen über deine Kinder" (Jes 44,2 f.). Und nochmals: „Der Herr wird dich immer führen … Du gleichst einem bewässerten Garten, einer Quelle, deren Wasser niemals versiegt" (Jes 58,11).

Auch die Mitfeiernden, die nicht so bibelfest waren, konnten den Sinn der Wasserzeremonie begreifen. Im vorderen Orient weiß man, dass Wasser Leben bedeutet, dass ohne Wasser nichts gedeiht, dass der Mensch ohne Wasser elend verdurstet. Ihnen allen ruft Jesus die Erfüllung der Prophetie und die Erfüllung des menschlichen Suchens zu. Er lädt sie ein: „Wer Durst hat, komme zu mir, und es trinke, wer an mich glaubt." Wie das dürstende Volk in der Wüste durch das Wasser aus dem Felsen gerettet wird (Ex 17,5 f.), so sollen alle, die sich Jesus anvertrauen, von ihm Wasser des Lebens empfangen: „Aus seinem Inneren werden Ströme von lebendigem Wasser fließen" (Joh 7,38). Er ist bereit, sein Innerstes, sein Eigenstes, seine Lebenskraft, seinen Geist denen mitzuteilen, die sich ihm anschließen. Der Evangelist deutet an, dass er dafür den Tod auf sich nimmt. Hier klingt bereits an, was Jesus im Abendmahlssaal ausdrücklich erklärt, wenn er sagen wird: „Wenn ich nicht fortgehe, wird der Beistand nicht zu euch kommen, gehe ich aber, so werde ich ihn euch senden" (Joh 16,7). Wie später in seinem Evangelium spricht Johannes vom Tod Jesu als seinem Verherrlichtwerden. Durch das Opfer seines Lebens am Kreuz wird es möglich, dass wir an seinem Leben Anteil erhalten.

Zum Leben gehören das *Wachsen und Fruchtbringen*. Auch das wird in Jesu Wort beim Laubhüttenfest angesprochen. Er sagt: „Aus seinem Inneren werden Ströme von lebendigem Wasser fließen" (Joh 7,38). Das gilt von allen, die zu ihm kommen und an ihn glauben. Sie sollen nicht nur seinen Geist empfangen; durch jeden, in dem der Geist Christi lebt, sollen wieder andere an diesem Geiste teilhaben. Der Herr will die,

die er mit seinem Geist beschenkt, zum Instrument seiner weiteren Geistsendung machen. „Jeder, den dürstet, ist eingeladen zu trinken und den Reichtum des Geistes, den er selbst empfangen, in Strömen weiterzugeben. Das gilt zunächst von den ‚Geistesgaben', die Paulus ‚Offenbarung des Geistes' (1 Kor 12,7) nennt, Gaben, dazu geeignet und verliehen, um im Dienste der Gemeinschaft ‚Nutzen zu stiften', und so die Kraft des Heiligen Geistes für andere nutzbar zu machen."[125] Näherhin lehrt der Völkerapostel: „Jedem aber wird die Offenbarung des Geistes geschenkt, damit sie anderen nützt. Dem einen wird vom Geist die Gabe geschenkt, Weisheit mitzuteilen, dem andern durch den gleichen Geist die Gabe, Erkenntnis zu vermitteln, dem dritten im gleichen Geist Glaubenskraft, einem anderen – immer in dem einen Geist – die Gabe, Krankheiten zu heilen, einem anderen Wunderkräfte, einem anderen prophetisches Reden, einem andern die Fähigkeit, die Geister zu unterscheiden, wieder einem andern verschiedene Arten von Zungenrede, einem anderen schließlich die Gabe, sie zu deuten. Das alles bewirkt ein und derselbe Geist; einem jeden teilt er seine besondere Gabe zu, wie er will" (1 Kor 12,7–11). Ähnlich macht Paulus den Römern klar, dass die Geistesgaben, die sie empfangen, auch anderen helfen sollen. Er schreibt: „Wir haben unterschiedliche Gaben, je nach der uns verliehenen Gnade. Hat einer die Gabe prophetischer Rede, dann rede er in Übereinstimmung mit dem Glauben; hat einer die Gabe des Dienens, dann diene er. Wer zum Lehren berufen ist, der lehre; wer zum Trösten und Ermahnen berufen ist, der tröste und ermahne. Wer gibt, gebe ohne Hintergedanken; wer Vorsteher ist, setze sich eifrig ein; wer Barmherzigkeit übt, der tue es freudig"

125 B. Rebstock, Vom Wort des Lebens. Gedanken zum Johannes-Evangelium im Geist der heiligen Väter, Dülmen ^{2}1939, 31.

(Röm 12,6–8). „Alles gegenseitige Dienen und Helfen der Glieder Christi in leiblicher und geistiger Hinsicht ist vom Heiligen Geist und von seiner göttlichen Liebe beseelt. Darum ist Lehren, Führen, Raten, Trösten, Pflegen, Helfen unter Gliedern der Kirche in Glaube und Liebe gewirkt, immer ‚Offenbarung des Geistes', Ausströmen innerer Geisteskraft."[126]

Den Galatern gegenüber gebraucht Paulus ein anderes Bild. Es entspricht noch mehr dem lebenspendenden Geist. Was lebt, ist dazu bestimmt, *Frucht* zu bringen. Im Einzelnen lehrt der Apostel: „Die Frucht des Geistes aber ist Liebe, Freude, Friede, Langmut, Freundlichkeit, Güte, Treue, Sanftmut und Selbstbeherrschung" (Gal 5,22f.). Es kann zu einer guten Gewissenserforschung beitragen, wenn wir uns gründlich und genau nach diesen Früchten fragen. Dabei sollten wir uns daran erinnern, dass Jesus am Ende der Bergpredigt erklärt: „Jeder Baum, der keine guten Früchte hervorbringt, wird umgehauen und ins Feuer geworfen" (Mt 7,19). Fragen wir uns also redlich nach den Früchten des Geistes, die Paulus nennt. Sind sie bei mir gewachsen? Habe ich sie gepflegt? Habe ich sie wenigstens gewollt? Nehmen wir uns Zeit für eine ehrliche Antwort.

Die Früchte, die Paulus nennt, können uns nicht nur zur Gewissenserforschung dienen, sie können uns auch zur Danksagung helfen und Zuversicht schenken. Dietrich Bonhoeffer hat das im Angesicht des Todes erfahren. Am letzten Pfingstfest seines Lebens hat er in der Tegeler Zelle notiert: „Die ganze Welt Gottes … will in uns geboren werden, wachsen und reifen. Liebe – wo nur Misstrauen und Feindschaft herrscht; Freude – statt Verbitterung und Schmerz; Friede – mitten in innerem und äußerem Streit; Geduld – wo Ungeduld uns zu überwältigen droht; Freundlichkeit – wo nur

126 A. a. O., 32.

rohe und harte Worte sich Geltung zu verschaffen scheinen; Gütigkeit – wo Verstehen und Mitgefühl als Schwäche gelten; Glaube, d.h. hier Treue – wo lange Trennungen und große Veränderungen aller Verhältnisse auch das Beständige ins Wanken bringen wollen; Sanftmut – wo Rücksichtslosigkeit und Eigensucht allein zum Ziel zu führen scheinen; Keuschheit – wo kurzer Lebensgenuss das einzig Sinnvolle zu sein scheint und alle Bindungen sich lösen wollen. Ist dies alles phantastische Illusion? Ist es unmöglich? Es wäre dies, wenn es nicht die ganz von selbst wachsende Frucht des Geistes wäre, dem wir uns anvertraut haben und der dies alles in uns vollbringen will, während wir ihn staunend und anbetend wirken lassen."[127]

Alle diese Früchte sind unverkäuflich; sie sind zum Schenken bestimmt. Wenn man sie einpacken würde, müsste man auf das Paket dasselbe wie bei Postsendungen in die DDR schreiben: „Geschenksendung, keine Handelsware". Die Früchte des Heiligen Geistes sollen *möglichst vielen zugute* kommen. Entsprechend heißt die Forderung des Konzils: „Alle zusammen und jeder Einzelne zu seinem Teil müssen die Welt mit den Früchten des Geistes nähren (vgl. Gal 5,22), in sie hinein den Geist ausgießen, der jene Armen, Sanftmütigen und Friedfertigen beseelt, die der Herr im Evangelium seligpries (vgl. Mt 5,3–9). Mit einem Wort: ‚Was die Seele im Leib ist, das sollen in der Welt die Christen sein.'"[128]

Bei den Früchten des Geistes erübrigt sich ein Verfallsdatum, wie es bei Pralinen, bei Joghurtbechern und bei vielen anderen Produkten gefordert wird. Die Früchte des Geistes halten sich selbst *über die Erdenzeit hinaus.* Der Heilige Geist

127 D. Bonhoeffer, Gesammelte Schriften, Bd. 4, hg. v. E. Bethge, München 1961, 590 f.

128 II. Vatikanisches Konzil, Kirchenkonstitution n. 38.

schenkt Früchte, die in die Ewigkeit hineinreichen. Es gilt, was Paulus den Galatern schreibt: „Wer im Vertrauen auf den Geist sät, wird vom Geist ewiges Leben ernten" (Gal 6,8). Das Wirken des Heiligen Geistes macht an der Todesgrenze nicht Halt. Im Namen des Herrn lässt Paulus uns wissen: „Wenn der Geist dessen in euch wohnt, der Christus Jesus von den Toten auferweckt hat, dann wird er, der Christus von den Toten auferweckt hat, auch euren sterblichen Leib lebendig machen, durch seinen Geist, der in euch wohnt" (Röm 8,11).

Dankbar können wir mit der heiligen Edith Stein beten:

„Er, der vom Tod
zum Leben sich erhob,
er hat auch mich
zu neuem Leben
auferweckt,
vom Schlaf des Todes,
und neues Leben
gibt er mir
von Tag zu Tag.
Einst soll mich seine Fülle
ganz durchfluten,
Leben von deinem Leben –
ja, du selbst:
Heiliger Geist – Ewiges Leben."[129]

129 E. Stein, Gedichte u. Gebete aus dem Nachlass, hg. v. W. Herbstrith, Bergen-Enkheim 1975,25.

Geist der Liebe

Schwester Maria vom heiligen Herzen, die älteste Schwester der kleinen Therese, hat diese gebeten, die Einsichten in ihre Berufung aufzuzeichnen, die ihr in ihren Exerzitien geschenkt worden sind. Was die kleine Therese geschrieben hat, kann uns allen wichtige Erkenntnisse vermitteln. Bevor sie ihren Bericht beginnt, schreibt sie ihrer Schwester, dass „Sie es wohl unmöglich verstehen" könne, und fügt hinzu: „Vielleicht werden Sie meine Ausdrucksweise auch übertrieben finden."[130] Bitten wir den Heiligen Geist, dass er uns das rechte Verständnis schenkt.

Am 6. Jahrestag ihrer ewigen Profess dachte Therese vom Kinde Jesu intensiv über ihre persönliche Berufung nach. Dabei ließ sie alle möglichen Berufe in der Kirche vor ihren Augen vorüberziehen. Jedes Mal spürte sie den Wunsch, für Jesus „die heroischsten Werke allesamt zu vollbringen."[131] Sie schreibt: „Oh! trotz meiner Kleinheit möchte ich die Seelen erleuchten wie die Propheten, die Kirchenlehrer, ich habe die Berufung, Apostel zu sein … ich möchte die Welt durcheilen,

130 Therese vom Kinde Jesu, Selbstbiographische Schriften, Einsiedeln, 1958, 194.

131 A. a. O., 198.

deinen Namen verkünden."[132] Das intensive Fragen nach ihrer Berufung macht ihr so schwer zu schaffen, dass sie „ein wahres Martyrium erleiden"[133] muss. In dieser Situation schlägt sie das 12. und 13. Kapitel des ersten Korintherbriefes auf. Sie berichtet: „Ich las im ersten, dass nicht alle zugleich Apostel, Propheten, Lehrer usw. sein können ... dass die Kirche sich aus verschiedenen Gliedern zusammensetzt, und dass das Auge nicht zugleich Hand sein kann."[134] Therese hält fest: „Die Antwort war klar, stillte aber mein Sehnen nicht und brachte mir keinen Frieden."[135] Die kleine Therese gibt nicht auf. Sie fährt fort: „Ohne mich entmutigen zu lassen, setzte ich meine Lesung fort und fand Trost in folgendem Satz: ‚Strebet eifrig nach den vollkommensten Gaben, aber ich will euch einen noch vorzüglicheren Weg zeigen.' Und der Apostel erklärt, wie die vollkommensten Gaben nichts sind ohne die Liebe ... Dass die Liebe der vortrefflichste Weg ist, der mit Sicherheit zu Gott führt. Endlich hatte ich Ruhe gefunden ... Den mystischen Leib der Kirche betrachtend, hatte ich mich in keinem der vom Hl. Paulus geschilderten Glieder wiedererkannt, oder vielmehr, ich wollte mich in allen wiedererkennen ... Die Liebe gab mir den Schlüssel meiner Berufung. Ich begriff, dass wenn die Kirche einen aus verschiedenen Gliedern bestehenden Leib hat, ihr auch das notwendigste, das edelste von allen nicht fehlt; ich begriff, dass die Kirche ein Herz hat, und dass dieses Herz von Liebe brennt. Ich erkannte, dass die Liebe allein die Glieder der Kirche in Tätigkeit setzt, und würde die Liebe erlöschen, so würden die Apostel das Evangelium nicht mehr verkünden,

132 Ebd.
133 A.a.O., 199.
134 Ebd.
135 A.a.O., 199f.

die Martyrer sich weigern, ihr Blut zu vergießen … Ich begriff, dass die Liebe alle Berufungen in sich schließt, dass die Liebe alles ist, dass sie alle Zeiten und Orte umspannt … mit einem Wort, dass sie ewig ist! … Da rief ich im Übermaß meiner überschäumenden Freude: O Jesus, meine Liebe … endlich habe ich meine Berufung gefunden, meine Berufung ist die Liebe! … Ja, ich habe meinen Platz in der Kirche gefunden, und diesen Platz, mein Gott, den hast du mir geschenkt … im Herzen der Kirche, meiner Mutter, werde ich die Liebe sein … so werde ich alles sein."[136]

Mit den Erkenntnissen, die Therese so wiedergegeben hat, fing ein neues Leben an. Das war ein besonderes Geschenk des Heiligen Geistes. Durch den Geist der Liebe hatte sie die Kirche vertieft erkannt. Mehr noch: Sie lernt in neuer Weise Wesen und Wirken des Heiligen Geistes kennen. Das zeigen ihre Worte: „dass die Liebe alles ist, dass sie alle Zeiten und Orte umspannt … mit einem Wort, dass sie ewig ist." Durch den Heiligen Geist ist die kleine Therese sich ihrer persönlichen Berufung bewusst und froh geworden. Zugleich hat sie etwas von der Grundberufung aller Menschen erschlossen. Jede und jeder von uns soll wissen: „Meine Berufung ist die Liebe." Wir sind aus Liebe geschaffen und für die Liebe bestimmt. Für diese Grundberufung können wir gar nicht genug danken. Die selige Elisabeth von der Dreifaltigkeit hat uns das Danken vorgemacht. Noch bevor sie wie die kleine Therese eine Karmelitin wurde, hat sie in einem Pfingstgedicht geschrieben:

---

136 A. a. O., 200 f.

„Du, der Du mir meine Berufung schenkst,
Oh, führ' mich denn zu dieser Vereinigung,
Dieser innigsten, inneren, zu diesem Leben
Ganz in Gott, der meine Sehnsucht ist.
Auf Jesus allein soll meine Hoffnung sich gründen,
Und ich will, solang ich in dieser Welt lebe,
Nichts erstreben, nichts sehen als Ihn allein,
Ihn, meine Liebe, meinen göttlichen Freund!
Heiliger Geist, Güte, höchste Schönheit Du!
Oh Du, den ich anbete, oh Du, den ich liebe!"[137]

Allein der Geist, der ganz Liebe ist, kann uns helfen, immer mehr in der Liebe zu leben und damit unserer Grundberufung zu entsprechen.

Der Heilige Geist drängt darauf, dass dies geschieht. An uns ist es, uns von ihm beseelen und bewegen zu lassen. Dazu ist es nötig, dass wir offen sind für sein Wirken. Viele leben so als wenn sie dem Heiligen Geist sagen wollten: „Schön, dass du mir helfen willst, aber ich brauche dich nicht. Das bisschen mache ich schon selber." Wer sich und seine Möglichkeiten realistisch sieht, handelt anders. Er ist darauf aus, die Hilfe des Heiligen Geistes zu empfangen. Er bittet ihn immer wieder darum, nicht nur dann, wenn irgendeine Prüfung droht. Weil wir die Hilfe des Heiligen Geistes immer wieder brauchen, tun wir gut daran, immer wieder um sie zu bitten.

Zugleich müssen wir lernen, das wahrzunehmen, was er uns eingibt. Wie wichtig das ist, hat der Pfarrer von Ars deutlich gemacht. Er erklärt: „Würde man zu den Verdammten sagen: ‚Warum seid ihr in der Hölle?' würden sie antworten:

137 Elisabeth von Dijon, Ich gehe zum Licht. Leben und Erfahrungen im Selbstzeugnis, hg. v. C. De Meester, Freiburg 1984, 29.

‚Weil wir den Heiligen Geist zurückgewiesen haben.' Und würde man zu den Heiligen sagen: ‚Warum seid ihr im Himmel?' würden sie antworten: ‚Weil wir den Heiligen Geist gehört haben.'"[138] Zu diesem Hören gehört das Gehorchen. Der Geist der Liebe kann und will *unser ganzes Leben* wandeln. Die Liebe soll nicht nur dann und wann unser Denken und Handeln bewegen, sie soll unser ganzes Leben bestimmen. Alles, was wir tun und lassen, soll im Geist der Liebe geschehen. Ramon Lull, der große spanische Mystiker und Missionar hat das auf eine faszinierende Weise zum Ausdruck gebracht. In seinem „Buch vom Liebenden und Geliebten" zeichnet er das Bild eines Menschen, der in allem ganz im Heiligen Geist lebt. Er schreibt: „Man fragte den Liebenden, woher er wäre. Er antwortete: Von der Liebe. – Wem gehörst Du? – Der Liebe. – Wer hat Dich erzeugt? – Liebe. Wo wurdest Du geboren? – In Liebe. – Wer hat Dich ernährt? – Liebe. – Von was lebst Du? – Von Liebe. – Was ist Dein Name? – Liebe. – Woher kommst Du? – Von der Liebe. – Wohin gehst Du? – Zu der Liebe. – Wo bist Du? – In der Liebe."[139]

Diese Liebe muss sich in handfesten Taten bewähren. Sie will „auf Kosten unserer Arme und im Schweiße unseres Angesichts" gelebt werden. Der heilige Vinzenz von Paul verband diese Worte mit einer Warnung, die auch für uns wichtig ist. Er sagte seinen Mitbrüdern: „Oft sind die Akte der Liebe zu Gott und ähnliche Regungen und innere Übungen eines zartbesaiteten Herzens, so gut und wünschenswert sie an sich sind, doch höchst verdächtig, wenn sie sich nicht in

138 J.-M. Vianney, Der heilige Pfarrer von Ars in seinen Gesprächen und Predigten, hg. v. B. Nodet, Salzburg 1959, 66.

139 R. Lull, Das Buch vom Liebenden und Geliebten, hg. v. L. Klaiber, Olten 1948, 69 f.

der Praxis auswirken … Darauf müssen wir ganz besonders achten; denn es gibt mehr als genug solcher Menschen, die meinen, es sei damit getan, sich äußerlich korrekt zu verhalten, im Innern erhabene Gefühle zu Gott zu pflegen. Wenn es aber dann auf Taten ankommt und Gelegenheit zum Handeln da ist, dann versagen sie. Sie schmeicheln sich mit ihrer übersteigerten Einbildung und begnügen sich mit sanften Zwiegesprächen, die sie im Gebet mit Gott halten. Ja, sie reden wie die Engel davon. Sind aber diese Zustände vorüber und geht es darum, für Gott zu arbeiten, zu leiden, sich zu überwinden, die Armen zu unterweisen, die verirrte Herde zu suchen, sich mit Wenigem abzufinden, Krankheiten oder irgendeine Unannehmlichkeit zu ertragen, ja, dann ist niemand mehr da, dann fehlt ihnen der Mut. Nein, täuschen wir uns nicht: … Unsere ganze Aufgabe ist: Handeln."[140]

Was jeweils zu tun ist, lässt sich nicht verallgemeinern. Das hängt von den besonderen Aufgaben ab, die einem anvertraut sind, und von der jeweiligen Situation und Kondition. So unterschiedlich sein kann, was der einzelne Christ zu tun hat, zwei Aufgaben sind allen auferlegt. Sie sind eng mit dem Wesen und Wollen des Heiligen Geistes verbunden. Sie heißen: Einsatz für den Frieden und für die Einheit.

Der Geist der Liebe ist der *Geist des Friedens.* Sein Zeichen, die Taube, wird in aller Welt als Friedenstaube angesehen. Die Taube, die nach der Sintflut mit einem frischen Ölzweig im Schnabel in die Arche zurückkommt, ist eine Friedensbotin. Dass sich der Heilige Geist bei der Taufe Jesu in Gestalt einer Taube auf ihn herabsenkt, ist ein Zeichen der Friedensmission des Getauften. Als „Fürst des Friedens" hat der Prophet Jesaja ihn angekündigt und verheißen: „Seine Herrschaft ist groß, und der Friede hat kein Ende" (Jes 9,5 f.).

140 Vinzenz von Paul, Worte des Erbarmens, Freiburg 1980, 61 f.

Seine Geburt wird mit dem Lobgesang gefeiert: „Verherrlicht ist Gott in der Höhe; und auf Erden ist Friede bei den Menschen seiner Gnade" (Lk 2,14). Jesus verkündet das Kommen des Gottesreiches, das „Friede und Freude im Heiligen Geist" ist (Röm 14,17). Er hat „Frieden gestiftet am Kreuz durch sein Blut" (Kol 1,20). Als er nach seiner Auferstehung den Aposteln den verheißenen Geist mitteilt, sagt er als Erstes: „Friede sei mit euch." Er sendet seine Jünger mit dem Auftrag aus, zuerst den Menschen den Frieden zu verkünden: „Wenn ihr in ein Haus kommt, so sagt als Erstes: Friede diesem Haus. Und wenn dort ein Mann des Friedens wohnt, wird der Friede, den ihr ihm wünscht, auf ihm ruhen" (Lk 10,5 f.). In den Seligpreisungen Jesu erhält der Friedensdienst die höchste Belohnung: „Selig, die Frieden stiften, denn sie werden Söhne Gottes genannt" (Mt 5,9). Das ist mehr als in den anderen Seligpreisungen zugesagt wird, mehr als der verheißene Trost, mehr als das Erben des Landes, mehr selbst als das Schauen Gottes. Der „Gott des Friedens" (Röm 15,33) will durch den Geist des Friedens Söhne des Friedens haben. Deshalb gilt für alle Gläubigen der Appell: „Suche den Frieden und jage ihm nach" (1 Petr 3,11).

Der Friede, den Gott schenkt und durch alle, die ihm verbunden sind, weitergeben will, ist ein *allumfassender Friede*. Die Friedensschlüsse, die Menschen fertigbringen, wirken nur für einige Zeit. Sie betreffen auch nur bestimmte Regionen der Erde und dazu nur einige Bereiche des menschlichen Lebens. Wir haben in Deutschland das Glück, dass wir seit 1945 im äußeren Frieden leben dürfen. Das ändert nichts daran, dass es zwischen ungezählten Menschen und Gruppierungen Unfrieden gibt, der manchmal tiefere Wunden schlägt, als sie der Krieg bewirken kann. Mitten im Weltfrieden kann selbst in einem Kloster Unfriede herrschen. Deshalb ist der Friedensdienst zu jeder Zeit und allenthalben nötig. Er muss in unserem Herzen beginnen. Das fordert der Apostel mit den Worten: „In euren Herzen herrsche der Friede Christi. Dazu seid ihr berufen als Glieder des einen Leibes" (Kol 3,15). Entsprechend lautet der Segenswunsch des heiligen Paulus für die gläubigen Thessalonicher: „Der Gott des Friedens heilige euch ganz und gar und bewahre euren Geist, eure Seele und euren Leib unversehrt" (1 Thess 5,23). Dieser Friede ist allen Menschen zugedacht. Deshalb sind alle verpflichtet, ihn so vielen weiterzugeben, wie es nur eben geht: „Strebt voll Eifer nach Frieden mit allen und nach der Heiligung, ohne die keiner den Herrn sehen wird" (Hebr 12,14). Beachten wir: Frieden und Heiligung sind miteinander verbunden!

In jeder Heiligen Messe betet die Kirche mehrfach um Einheit und Frieden. Beide gehören zusammen. Wie für den Frieden haben wir uns für die *Einheit* einzusetzen. Auch dazu wird uns der Heilige Geist gegeben. So verheißt Gott durch den Propheten Ezechiel den Geist, der das getrennte Gottesvolk wieder vereint: „Ich sammle euch aus allen Ländern und bringe euch in eure Länder … Ich schenke euch ein neues Herz und lege einen neuen Geist in euch" (Ez 36,24–26). Der Prophet wird aufgefordert, zwei Hölzer zu nehmen und auf ihnen die Namen der getrennten Volksteile zu schreiben. Dann sagt er ihm: „Füge beide zu einem einzigen Holz zusammen, so dass sie eins werden in deiner Hand" (Ez 37,17). Damit will Gott den voneinander getrennten Israeliten sagen: „Sie werden eins in meiner Hand" (Ez 37,19). „Ich sammle sie von allen Seiten und bringe sie in ihr Land. Ich mache sie in meinem Land … zu einem einzigen Volk" (Ez 37,21 f.). „Ich schließe mit ihnen einen Friedensbund; es soll ein ewiger Bund sein" (Ez 37,26).

Jesus Christus hat alles getan, damit alle eins werden. Im Reich Gott sollen alle vereinigt werden, die voneinander und von Gott getrennt sind. Jesus weiß, dass für dieses Reich dasselbe gilt, was man bei den Gemeinschaften dieser Welt feststellen kann: „Jedes Reich, das in sich gespalten ist, geht zugrunde, und keine Stadt und keine Familie, die in sich gespalten ist, wird Bestand haben“ (Mt 12,25). Das lässt ihn sagen: „Wer nicht mit mir sammelt, der zerstreut“ (Mt 12,30). In seinem Sterbegebet erbittet Jesus vom Vater, „dass alle eins seien“ (Joh 17,21). Er geht nicht nur für das Volk Israel in den Tod, „sondern auch, um die versprengten Kinder Gottes wieder zu sammeln“ (Joh 11,52). Am Pfingstfest zeigt sich, dass der Heilige Geist, den Jesus verheißen hat, Menschen aus aller Welt zusammenführen will und kann.

Wer Christus nachfolgen will, ist aufgefordert, zusammen mit ihm und in seinem Geist alles zu *tun, was eint.* Dabei kommt dem geistlichen Ökumenismus besondere Bedeutung zu. Das Konzil hat ihn „die Seele der ganzen ökumenischen Bewegung“ genannt.[141] Dazu zählen: Bekehrung des Herzens, Heiligkeit des Lebens und persönliches und gemeinsames Gebet, alles Werke des Heiligen Geistes. In Bezug darauf erklärt das Ökumenische Direktorium: „Diejenigen, die sich innig mit Christus vereint wissen, müssen sich auch mit seinem Gebet, und besonders mit seinem Gebet für die Einheit vereinen. Diejenigen, die im Geiste leben, müssen sich von der Liebe verwandeln lassen, die um der Einheit willen ‚alles erträgt, alles glaubt, alles hofft, allem standhält‘.“[142] Es versteht sich, dass dabei die *Ordenschristen* besonders gefordert sind. Sie haben „aufgrund ihrer charakteristischen Aufgaben in der Kirche und ihres Lebensbereichs ganz besondere Möglichkeiten zur Förderung des ökumenischen Denkens

141 II. Vatikanisches Konzil, Ökumenismusdekret n. 8.

142 Ökumenisches Direktorium, Bonn 1993, n. 25.

und Handelns.“[143] Ihre bedeutendste Hilfe ist nicht irgendeine zusätzlich übernommene Sonderaktion, sondern das treue Ordensleben gemäß den evangelischen Räten. Weil dessen erste und letzte Norm das Evangelium ist,[144] ist das Ordensleben seinem Wesen nach auf die Einheit in Christus ausgerichtet. Indem die Ordensleute „Christus nachfolgen, der selbst jungfräulich und arm gelebt (vgl. Mt 8,20; Lk 9,58) und durch seinen Gehorsam bis zum Tod am Kreuz (vgl. Phil 2,8) die Menschen erlöst und geheiligt hat,“[145] sind sie hineingenommen in seinen Einsatz für die Einheit. „Von der Liebe getränkt, die der Heilige Geist in ihre Herzen ausgegossen hat (vgl. Röm 5,5), leben sie mehr und mehr für Christus und seinen Leib, die Kirche (vgl. Kol 1,24). Je inniger sie also durch solche Selbsthingabe, die das ganze Leben umfasst, mit Christus vereinigt werden, desto reicher wird das Leben der Kirche und desto fruchtbarer deren Apostolat“[146], desto gesegneter ihr Dienst an der Einheit.

Was durch klösterliche Gemeinschaften für die Einheit der Christen geschehen kann, haben in unserer Zeit die Mönche von Taizé gezeigt. Ich möchte mit einem Gebet aus ihrem Offizium schließen. Die Mönche beten, oft zusammen mit vielen Jugendlichen:

> „Lebendiger Gott, komm und mache unsere Seelen zu Tempeln deines Geistes.
> – Heilige uns, Herr.

---

143 A. a. O., n. 50.

144 II. Vatikanisches Konzil, Dekret über die zeitgemäße Erneuerung des Ordenslebens n. 2.

145 A. a. O., 1.

146 Ebd.

Taufe deine Kirche ganz und gar mit Feuer, damit ihre Spaltungen bald enden und sie vor der Welt aufgerichtet sei als Säule und Stütze deiner Wahrheit.
– Heilige uns, Herr.
Gewähre jedem von uns die Früchte deines Heiligen Geistes:
geschwisterliche Liebe, Freude, Friede, Geduld, Güte, Treue.
– Heilige uns, Herr.
Dass dein Heiliger Geist durch den Mund der Diener rede, die dein Wort verkünden, hier und überall:
– Heilige uns, Herr.
Sende deinen Heiligen Geist, den Tröster, denen, die durch Widerwärtigkeiten hindurchgehen oder die Opfer menschlicher Bosheiten sind.
– Heilige uns, Herr.
Bewahre vor Hass und Krieg alle Völker und ihre Führer, und schaffe eine wahre Gemeinschaft der Nationen durch die Macht deines Geistes.
– Heilige uns, Herr. Amen.“[147]

147 P.-W. Scheele (Hg.), Für die Einheit in Christus. Ein ökumenisches Gebetbuch, München ^{2}1997, 32.

Geist der Freude

Der Geist der Liebe ist der Geist der Freude. Die *Urkirche* zeigt uns das. Selbst ihre Gegner bezeugen es. Sie werfen der Pfingstgemeinde vor: „Sie sind vom süßen Wein betrunken“, anders übersetzt: „Sie sind voll vom süßen Wein“ (Apg 2,13). Offenkundig erscheinen ihnen die vom Heiligen Geist bewegten Menschen fröhlicher und seliger, als man es normalerweise um diese Tageszeit ist. Petrus nimmt diesen Spott so ernst, dass er in seiner Pfingstpredigt als Erstes gerade darauf eingeht. Er sagt der zusammengeströmten Menge: „Diese Männer sind nicht betrunken, wie ihr meint; es ist ja erst die dritte Stunde am Morgen“, also 9:00 Uhr in der Frühe (Apg 2,15). Dann offenbart er die Ursache der unbändigen Freude: Es erfüllt sich die Prophetie des Joel: „Ich werde meinen Geist ausgießen über alles Fleisch“ (Apg 2,17). Gottes Geist ist Zeuge und Mittler der unendlichen Seligkeit Gottes. Dass er weiterhin Freude schenkt, zeigt das Verhalten der jungen Gemeinde. Von ihr berichtet Lukas: „Tag für Tag verharrten sie einmütig im Tempel, brachen in ihren Häusern das Brot und hielten miteinander Mahl in Freude und Einfalt des Herzens“ (Apg 2,46). Sie bilden eine Gemeinschaft des Gebetes, der Eucharistie und des Mitteilens: das sind alles Werke des Heiligen Geistes und so von der Freude beseelt. Mit der Frohbotschaft, die sie bezeugen, geben sie auch die Freude weiter. Selbst in der Hauptstadt der Samariter, die man als verachtenswerte Feinde ansah, wirkt sich der Geist der Freude aus. Lukas hält fest: „So herrschte große Freude in jener Stadt" (Apg 8,8). Auch Misserfolge können die Freude nicht töten. Als Mitglieder der jüdischen Gemeinde in Antiochia in Pisidien Paulus und Barnabas heftig bekämpfen und schließlich eine Verfolgung veranlassen und sie aus ihrem Gebiet vertreiben, beschließt Lukas den an sich traurigen Bericht mit den Worten: „Und die Jünger waren voll Freude und erfüllt vom Heiligen Geist" (Apg 13,52).

Mit seiner Verkündigung der Frohbotschaft will *Paulus* „Helfer zur Freude" sein (2 Kor 1,24). Das Reich Gottes, für das er sich einsetzt, ist nach seinen Worten „Gerechtigkeit, Friede und Freude im Heiligen Geist" (Röm 14,17). Entsprechend heißt sein Appell bereits im ersten uns von ihm überlieferten Brief: „Freut euch zu jeder Zeit … Löscht den Geist nicht aus!" (1 Thess 5,16.19). Seiner Lieblingsgemeinde in Philippi schreibt er: „Freut euch im Herrn zu jeder Zeit! Noch einmal sage ich: freut euch!" (Phil 4,4). Den Korinthern bezeugt er die Unbesiegbarkeit der Freude, die der Heilige Geist schenkt. Er verrät ihnen: „Trotz aller Not bin ich von Trost erfüllt und ströme über von Freude" (2 Kor 7,4).

Der Geist der Freude schenkt Freude trotz allem, in allem und für alle.

1. Freude trotz allem

Keinem Menschen werden schmerzliche Erfahrungen erspart. Sie gehören zum Leben. Sie können uns schwer zu schaffen machen. Sie können jegliche Freude rauben. Bei etlichen Menschen wird ihr ganzes Selbst- und Weltverständnis von den Leiden und Nöten bestimmt. Einer von ihnen ist der Franzose Jacques Rivière. Er gibt die Welterfahrung und Weltdeutung vieler wieder, wenn er erklärt, „dass die Welt ein Chaos ist, dass sie in einer schrecklichen Unordnung und in einem schrecklichen Durcheinander ist“[148]. Entsprechend schreibt er vom All, in dem wir leben, „dass es ‚der ewige, unendlich tanzende Automat‘ ist, die unnützeste, sinnloseste aller Komödien, ein guter, vom Nichts gespielter Scherz“[149]. Da braucht es einen nicht zu wundern, wenn er schließlich erklärt, er habe niemals „gedacht, dass es einen Sinn in den Dingen geben könne, eine Ordnung in der Welt, ein Glück für die Menschen“[150]. Rivière beklagt Schlimmeres als das eine oder andere Leid; selbst das, was es an Freude gibt, erscheint ihm als Teil eines sinn- und wertlosen Chaos. Man kann es verstehen, wenn Menschen aus tiefen inneren Verwundungen heraus zu solchen Einstellungen kommen.

Dennoch ist der Heilige Geist stärker als alles Leid und alle Not. Er umfängt alles, was ist und geschieht, mit seiner Liebe. Er kann allem einen Sinn und Segen geben. Er tut alles, damit am Ende das Leben den Tod besiegt, die Liebe den Hass überwältigt und Freude alles Leiden ablöst. Selbst Friedrich Nietzsche kann uns helfen, das zu erkennen. In seinem Buch „Also sprach Zarathustra“ findet sich dessen Rundgesang. Er beginnt mit den Worten:

„O Mensch! Gib Acht!
Was spricht die tiefe Mitternacht?“

---

148 P. Claudel und J. Rivière, Briefwechsel 1907–1914, München [2]1955, 99 f.
149 A. a. O., 100.
150 A. a. O., 103.

Die Antwort lautet:

„Die Welt ist tief,
Und tiefer als der Tag gedacht.
Tief ist ihr Weh –,
Lust – tiefer noch als Herzeleid:
Weh spricht: Vergeh!
Doch alle Lust will Ewigkeit –,
– will tiefe, tiefe Ewigkeit!“[151]

Wie groß auch immer die Leiden dieser Welt sind, sie sind vergänglich: „Weh spricht: Vergeh!“ Die Lust, sagen wir lieber: die Freude, die Seligkeit, bewegt den Menschen noch tiefer, als das Leid es vermag; zugleich ist sie stärker. Sie wird nicht enden, nicht weil alle Lust Ewigkeit will, sondern weil der dreieine Gott uns an seinem ewigen seligen Leben Anteil schenken will. Der Heilige Geist, der Geist der Freude, soll das vermitteln. Er will auch jetzt schon immer wieder einen Vorgeschmack der ewigen Freude schenken, damit unser Herz weit wird und fähig, sie einmal unverkürzt zu empfangen.

2. Freude in allem

Vom *Pfarrer von Ars* wird berichtet, er sei wiederholt betend in Ekstase geraten. Eines Tages hat sein alter Sakristan das beobachtet. Als man diesen „unter großen Schwierigkeiten dahingebracht hatte zu sagen, was er gesehen, waren es drei verlegene Sätze: Er betete, die Arme zum Kreuz ausgebreitet, er schaute

151 F. Nietzsche, Also sprach Zarathustra, Stuttgart 1930, 359.

auf das Kruzifix und lachte!"[152] Er lachte! Ist das zu verstehen? Wird nicht jeder, der sich ein fühlendes Herz bewahrt hat, von Mitleid und Trauer ergriffen, wenn er sich mit dem Leiden des Gekreuzigten konfrontiert sieht? Gewiss! Auch Johannes Maria Vianney ist es nicht anders ergangen. Damals ist aber offensichtlich noch mehr geschehen. Vielleicht ist ihm in jenem Augenblick etwas vom letzten Sinn und Segen des Kreuzestodes Jesu Christi aufgegangen. Mehr als Frucht menschlicher Untaten ist das Kreuz ja Tat der Liebe Gottes. „So sehr hat Gott die Welt geliebt, dass er seinen einzigen Sohn für sie hingab" (Joh 3,16). Dieser wiederum bejaht sein Geschick, macht sich den Hingabewillen des Vaters voll zu eigen, gibt sich selber ganz hin: „Vater, in deine Hände gebe ich meinen Geist" (Lk 23,46). Das geschieht kraft des Gottesgeistes der Liebe: kraft ewigen Geistes hat Christus sich Gott als makelloses Opfer dargebracht (Hebr 9,14). So weist die am Kreuz verwirklichte Ganzhingabe über Ort und Stunde, ja über alle Welten hinaus auf die von Ewigkeit zu Ewigkeit sich vollziehende Ganzhingabe Gottes. Der dreifaltige Gott ist ein unermessliches Geben, Empfangen und Wiedergeben und daher grenzenlose Seligkeit. Leid ist nicht in ihm, wohl aber das *Opfer* und dies wiederum göttlich groß, unbeschränkt. Letztlich sind Ganzhingabe und Opfer ein und dasselbe. Sie sind Liebe in Aktion, Tatwirklichkeit der Liebe; Freude ist ihre Frucht. Dieser Urwirklichkeit entspricht es, wenn Paul Claudel Johanna auf dem Scheiterhaufen, als sich ihr Lebensopfer vollendet, als Letztes sagen lässt: „Ja, die Freude bleibt, denn sie ist die stärkste. Und es bleibt die Liebe, denn sie ist die stärkste. Und Gott, der da ist der Starke."[153]

---

152 P. Claudel, Ausgewählte Prosa, Einsiedeln 1949, 344.

153 P. Claudel, Johanna auf dem Scheiterhaufen in: Dramen II, Heidelberg u. Einsiedeln 1958, 731.

So spricht der Psalmist nicht von Außerordentlichem, sondern vom Eigentlichen, wenn er alle Welt zur Freude aufruft: „Jauchzt vor dem Herrn, dem König! … In die Hände klatschen sollen die Ströme, die Berge sollen jubeln im Chor" (Ps 98,6.8). Das Buch Ijob, das wie wenige Tränen und Aufbegehren des Menschen kennt, sagt vom göttlichen Gründen der Erde, es sei geschehen „beim Jubelchor der Morgensterne, als insgesamt die Gottessöhne jauchzten" (Ijob 38,7). Ein eindrucksvolles Zeugnis dieser Urgegebenheit hat Erhart Kästner in seiner Stundentrommel vom heiligen Berg Athos festgehalten. Er notiert von Pater Awakum: „‚Es freut sich die Sonne wie ein junger Mann, wenn sie ihre Himmelsbahn läuft!' …, sagt David, und Baruch sagt: ‚Die Sterne sind fröhlich, sie glänzen auf ihrem Posten vor Freude; es rief sie der Herr, sie antworteten: ‚Hier!' und mit Freuden leuchten sie ihrem Erzeuger.' Freude ist der Äther, der alles verbindet, die Freude hält Gott und die Schöpfung zusammen; Melancholie ist, was sie voneinander entfernt, Verdrossenheit ist das Fremde. ‚Ich freue mich, dass ich mich freue in dir', sagt der Psalm. Die Freude ist die Verbindung mit Gott, die Einheit mit ihm."[154]

Der Geist der Freude ist immerzu da, um sie uns zu schenken. So wird auch das größte Leid von einem Meer der Freude getragen. Verhärtet sich der Mensch, wird er wie ein Stein, der auch von unendlichen Wassermengen rings um ihn nicht durchfeuchtet wird. Grenzenlose Freude ist um ihn her, aber er ist nicht in ihr. Im Grunde gilt das für jede und jeden von uns. Niemand ist ganz offen für die Gabe, die der Herr ihm schenken will. So gilt uns allen die Frage Claudels: „Was warten wir also noch und richten uns nicht im Reich der Freude ein, um Gottes Herrlichkeit zu kolonisieren, um uns an den

154 E. Kästner, Die Stundentrommel vom heiligen Berg Athos, München 1965, 92.

Tisch zu setzen und uns mitten in der Ernte und dem frischen Gold niederzulassen? Warum nicht auf jene Worte Christi hören, der uns sagt, dass wir *heute noch* mit ihm im Paradies sein werden?«[155] Das gilt für alle, für jede und jeden.

3. Freude für alle

Alles, was geschaffen ist, lebt in einem unbegrenzten Reich der Freude, denn alles existiert in Gott. Was er ins Dasein ruft, ruft er in Sein Dasein hinein. „In ihm leben wir, bewegen wir uns und sind wir" (Apg 17,28). Alles ist von seiner Liebe getragen, umfangen und durchdrungen. Der unbekannte Beter des Ersten Bundes übertreibt nicht, wenn er Gott sagt: „Du liebst *alles*, was ist, und verabscheust nichts von allem, was du gemacht hast; denn hättest du etwas gehasst, so hättest du es nicht geschaffen. Wie könnte etwas ohne deinen Willen Bestand haben, oder wie könnte etwas erhalten bleiben, das nicht von dir ins Dasein gerufen wäre? Du schonst alles, weil es dein Eigentum ist, Herr, du Freund des Lebens. Denn in allem ist dein unvergänglicher Geist" (Weish 11,24–12,1).

Je größer die Freiheit einer Kreatur ist, umso mehr legt Gott dieses Innesein seines Geistes in dessen *Entscheidung*. Sein Leben, seine Gemeinschaft, seine Freude sind allen zugedacht. Jedem Wesen auf Seine allein Ihm eigene göttliche Weise und jedem auf seine ihm je eigene geschöpfliche Weise. Deshalb ist für die freien Wesen die Freude des Herrn nicht nur Gabe, sondern auch Aufgabe. Erst wenn ihre Hände und ihr Herz sich öffnen, um zu empfangen und weiterzugeben, werden sie von der Freude erfüllt. Entsprechend ist das Wort Gottes Aussage und Ansage der Freude und Aufforderung zur Freude, Froh-

155 Wie Anm. 151, 373.

botschaft, Aufjubeln und Aufruf: „Freut euch alle Zeit im Herrn; noch einmal sage ich: Freut euch!“ (Phil 4,4).

Wir haben daraus die Konsequenzen zu ziehen und die vielen Wege aufzuspüren, auf denen Gott uns ins Reich der Freude führen will. Auf einige von ihnen sei abschließend hingewiesen. Natürlich wird nicht jeder Weg jederzeit jedermann zugänglich sein. Gerade das sollte uns davor bewahren, nur nach der uns persönlich momentan einladenden Route zu fragen, kann morgen doch schon eine andere für uns entscheidend werden. Überdies haben wir aber auch die Pflicht, die Möglichkeiten der anderen mit in unsere Bemühung einzubeziehen. Es kann eine der wesentlichsten Hilfen sein, die man einem anderen schenken kann, wenn man ihm einen Zugang zur Freude erschließt.

Zur Herzmitte aller Freude gelangt, wer es lernt, *sich an Gott zu freuen.* Zweifellos fällt das vielen sehr schwer. Sie haben ihre Not mit Gott, *ihre* Not. Leben wir nicht „in Trockenheit und Finsternis“? Gilt nicht für viele die leidvolle Feststellung: „alles wird mühsam für uns auf der Erde … alles belastet uns, alles kostet uns Überwindung“; „wir fragen uns, woran wir sind, wohin wir gehen, uns scheint, wir müssten im Treibsand versinken, aus dem es kein Entkommen gibt“. Der Einsame, der das erlitten hat, fügt hinzu: „Und doch, mein Gott, wie gut bist du: Du rufst uns zu: ‚Such dich in mir!‘ und gibst uns einen starken Anker, daran wir unsere Freude festmachen können, so fest, dass nichts mehr im Stande ist, sie uns zu rauben, selbst nicht die Pforten der Hölle. Dieser Anker ist die Freude über dein Glück, über deine unendliche Seligkeit.“[156] Hier ist etwas geschehen, das die Situation von Grund auf ändert: Hier lässt einer seine Not hinter sich, um sich ganz auf Gott zu konzent-

---

156 D. Barrat (Hg.), Die Schriften des Charles de Foucauld, Einsiedeln 1961, 61 f.

rieren, um in ihm sein Zentrum, seine Mitte zu finden. Dass er dabei auf die unermessliche Freude stößt, macht ihn unermesslich froh. So schreibt er weiter: „Was tut es, dass ich schlecht, elend, undankbar, kalt, ohne Liebe, vielleicht sogar verdammt bin, was liegt noch daran? … Du bist glücklich, also bin ich glückselig. Du bist glücklich, also fehlt mir nichts. Du bist glücklich, mein Gott, darum bin ich in Freude."[157] So Charles de Foucauld.

Ein ähnliches Zeugnis verdanken wird Sören Kierkegaard. Es ist umso beeindruckender, als auch er die Not des modernen Menschen wie wenige erlitten und sich mit aller Entschiedenheit dem Ernst des göttlichen Anspruchs gestellt hat. In seinem Tagebuch hält er mit exakter Zeitangabe den Augenblick fest, in dem ihn die göttliche Freude erfasst hat: Am 19. Mai 1838 (vormittags 10:30 Uhr) ist ihm bewusst geworden: „Es gibt eine *unbeschreibliche Freude*, die uns ebenso unerklärbar durchglüht, wie des Apostels Ausbruch unbegründet hervorbricht: ‚Freuet euch, und abermals sage ich: freuet euch' – nicht eine Freude über dies oder jenes, sondern der Seele vollgültiger Ausruf ‚mit Zung' und Mund und aus Herzensgrund'."[158] Ein Jahrzehnt nach dieser Erkenntnis hält Kierkegaard fest: „Wenn man es richtig verstehen will, dann hat eigentlich jeder Mensch, der in Wahrheit ein Verhältnis zu Gott haben und mit ihm umgehen will, nur eine einzige Aufgabe, diese: immer froh zu sein."[159]

Soweit wir sehen, ist die Freude an Gottes Sein und Glücklichsein nicht ohne weiteres jedem Menschen möglich; wohl aber begegnet uns jederzeit *göttliches Wirken*. Es als solches ent-

157 A. a. O., 62.

158 S. Kierkegaard, Tagebücher I, hg. v. H. Gerdes, Düsseldorf/Köln 1962, 154.

159 S. Kierkegaard, Die Tagebücher, hg. v. Th. Haecker, Leipzig ^{2}1941, 241.

decken, sozusagen entziffern und beantworten sind wichtige Schritte zur grenzenlosen Freude; sie wollen eingeübt sein wie alle anderen Schritte, die wir im Leben machen. Versteht einer die ihn umgebende *Natur* nicht lediglich als irgendwie vorhandene Sache, sondern als je neue Schöpfung Gottes, dann kann er ihn immerzu am Werk sehen und wird darüber froh werden. Wiederholt weist uns die Bibel in diese Richtung. Greifen wir ein Beispiel heraus: Im Psalm 104 lässt der Beter den Blick über die verschiedensten Schöpfungswerke wandern: die gigantisch großen wie Himmel, Sturmwind, Ozean, die machtvoll erschütternden wie Blitz, Donner, Feuer, Flut, die anmutig Anheimelnden wie Quelle, Bach, Busch, Baum, die vertraute und sogleich fremde Tierwelt in Luft und Wasser und auf der Erde. Alles das lebt in seiner Hand und von seinem Hauch (Ps 104,27–30). So kann der Herr selbst über alles froh sein: „Der Herr freue sich seiner Werke" (Ps 104,31). Die Menschen sind zeit ihres Lebens eingeladen, das Fest der Freude mitzufeiern. Der Psalmist sagt sein Ja dazu: „Solange ich lebe, will ich dem Herrn singen; meinem Gott will ich spielen, solange ich bin … Ich bin im Herrn fröhlich" (Ps 104,33 f.).

Mehr noch als in der Natur wirkt der Herr in der *Geschichte* seines Volkes. Damit gibt es – besser: gibt *er* Anlass zu größerer, tieferer, beständigerer Freude. Das zeigt das sich an den Schöpfungspsalm 104 anschließende Lied von Gottes Bund. Unter Verweis auf einzelne Taten Jahwes lädt es dazu ein, ihm das Halleluja der Freude zu weihen: „Singt und spielt ihm, redet von all seinen Wundern …; froh sei das Herz derer, die den Herrn suchen … Gedenkt seiner Wunder, die er gewirkt, seiner Zeichen und seines Mundes Urteile" (Ps 105,2 f.5). Die Feste des Gottesvolkes, in denen die Taten des Herrn vergegenwärtigt werden, sind ein je neues Angebot der Freude: „Dient dem Herrn in Frohsinn, tretet vor sein Angesicht mit Jubel" (Ps 100,2). „Kommt und seht die Werke Gottes … Lasst im Herrn uns fröhlich sein“ (Ps 66,5 f.).

Nicht von ungefähr tauchen in der Bibel immer wieder *Freude und Dank* miteinander auf. Beide hängen eng zusammen. Aus der Freude erwächst der Dank, aus dem Dank die Freude. Bleibt eins von beiden aus, ist Vorsicht geboten. Zu Recht mahnt uns das erste Wort der Tag- und Nachtbücher Theodor Haeckers: „Misstraue jeder Freude, die nicht auch Dankbarkeit ist!“[160] Eine permanent an den Tag gelegte Traurigkeit ist wie die zur Gewohnheit gewordene Empörung lebensgefährlich. Dass die anscheinend weit auseinanderliegenden Reaktionen in Wahrheit zusammengehören, kann man schon in der frühchristlichen Schrift *„Hirte des Hermas“* lesen. Dort heißt es: „Vertreibe aus deinem Herzen die Traurigkeit, denn sie ist eine Schwester des Misstrauens und des Zornes.“[161] Erklärend und verschärfend wird hinzugefügt, „dass die Traurigkeit schlimmer ist als alle anderen Geister und gar schrecklich für die Diener Gottes, dass sie mehr als alle schlimmen Geister dem Menschen schadet, den Heiligen Geist austilgt“[162]. Genau gesehen macht ein Trauriger „seine Sache immer schlecht; erstens ist es nicht gut, dass er den Heiligen Geist betrübt, der den Menschen gegeben wurde als ein Geist der Freude. Zweitens sündigt der, welcher den Heiligen Geist betrübt, weil er nicht mehr zu Gott betet“[163]. Wie das Gebet an der Traurigkeit zugrunde geht, so wachsen ihm durch die Freude Flügel. Ein neues Gesicht der Freude kommt zum Vorschein: „Die Freude kann ein vollen-

160 Th. Haecker, Tag- und Nachtbücher, München ^{2}1949, 17.

161 Hirte des Hermas, X. Gebot, 1,1.

162 Ebd.

163 A. a. O., X. Gebot, 3,1.

detes Gebet sein."[164] Sie ist es besonders dann, wenn sie sich *im Abgrund des Leidens* findet.

Es ist schwer zu verstehen und noch schwerer zu verwirklichen – und doch muss die wahre Freude geradezu „ihre Nahrung finden auf dem scheinbar rebellischsten Boden, dem des Leidens"[165]. Die großen Heiligen haben gezeigt, dass so etwas möglich ist. Erinnern wir uns an das Pauluswort: „Trotz all unserer Not bin ich vom Trost erfüllt und ströme über von Freude" (2 Kor 7,4). Den Schlüssel zu diesem Geheimnis verrät uns Johannes vom Kreuz mit der Bemerkung: „Das vollkommene Herz findet Freude, wo das unvollkommene Leid findet."[166] Dasselbe lehrt auf unvergleichliche Weise die Blütenlegende des Poverello, den man „Bruder immerfroh" nannte: Er fand die vollkommene Freude in der vollkommenen Teilnahme am Kreuzesleiden.[167] Franz von Assisi war einer „der freudigen Geber, die Gott lieb hat" (2 Kor 9,7). Als solcher lässt er eine breite Straße zur Freude erkennen, die vielen offen steht. Selbst wenn es im Leid nicht gelingen will, dass in einem selber die Freude zum Durchbruch kommt, kann man sich daranmachen, *anderen Freude zu vermitteln.* In dem Maße, wie dies gelingt, wird man selber beschenkt. Andererseits ist es so, dass die Freude im Keim erstickt wird, wenn wir nicht darauf aus sind, sie weiterzugeben. „Wenn man die Freude behindert, eine Gabe für die anderen zu sein, hört sie auf, die Gabe Gottes in uns zu sein."[168] Nicht nur eine psychische Gesetzmäßigkeit, ein Urgesetz allen Seins wirkt sich hier aus: „Freude gibt es wie

---

164 E. Cardenal, Das Buch von der Liebe, Hamburg 1972, 81.

165 J. M. Perrin, Die acht Seligkeiten als Botschaft der Freude, Freiburg [2]1960, 149.

166 A. a. O., 150.

167 Franz von Assisi, Legenden und Lauden, hg. v. O. Karrer, Zürich 1945, 360.

168 P. Schruers, Die Freude aus dem Glauben, Wien 1968, 100.

Sein nur in der Mitteilung, im Schenken und Empfangen."[169] Die ewige Freude lebt aus und in der ewigen Hingabe; deshalb ist der dreieinige Gott der „freudige Geber" schlechthin, deshalb ist der Geist der Liebe der Geist der Freude.

Wie die Freude „ein vollendetes Gebet sein" kann,[170] so ist sie ein vollendetes Glaubenszeugnis. „Ja, die Freude bleibt, denn sie ist die stärkste."[171] Das gilt selbst für unser Ende und für das Ende aller Zeit.

„Wer zuletzt lacht, lacht am besten", sagt der Volksmund. Das stimmt. Eine Freude, die in Jammer mündet, trägt den Todeskeim in sich; Trauer, die in Freude umschlägt, birgt die Verheißung ewigen Lebens. Ebendieses verspricht uns der Herr: „Eure Trauer wird zur Freude werden … und eure Freude wird niemand von euch nehmen" (Joh 16,20.22). Er selbst „wird jede Träne wegwischen von ihren Augen; der Tod wird nicht mehr sein, und nicht Trauer und Klage und Mühsal" (Offb 21,4). Er wird vollenden, was er begonnen. Weil Gott dann „alles in allem" ist (1 Kor 15,28), wird allenthalben grenzenlose Freude sein.

* „Das Reich Gottes ist Gerechtigkeit, Friede und Freude
im Heiligen Geist.
Schenke uns und aller Welt deine Gerechtigkeit,
damit überall Recht geschehe
und Rechtfertigung empfangen werde.
Gib deine Gerechtigkeit auch durch uns weiter,
durch unsere Bereitschaft zu helfen
und durch unsere Nachfolge Christi,

169 Dom Le Saux, Indische Weisheit und christliche Mystik, Luzern u. München 1968, 203.

170 Wie Anm. 163.

171 Wie Anm. 152.

der gestorben ist, damit allen Gottes Gerechtigkeit zuteil wird.
Gib uns den Frieden, den die Welt nicht geben kann.
Mit Jesus Christus ist er in unsere Welt gekommen.
Das Kreuz hat diesen Frieden nicht töten können,
es hat ihn unbesiegbar gemacht
und für alle fruchtbar werden lassen.
Lass uns das Kreuz ergreifen als Werkzeug des Friedens.
Wohin immer wir es gläubig tragen – es trägt uns,
und wir tragen ihn, der unser Friede ist.
Lass uns im Ernst und im Schmerz des Kreuzschleppens
die Freude nicht verkennen noch verfehlen,
die du uns zugedacht hast.
Lass uns mit der Herrlichkeit des Gottesreiches
seine Seligkeit erfahren.

Lass uns nicht zurückschrecken, wenn sich zeigt,
dass Gerechtigkeit, Friede und Freude
Früchte am Baum des Kreuzes sind.
In deiner Kraft hat sich der Herr als Opfer dargebracht,
deine Kraft verbinde uns mit ihm,
seinen Taten und seinen Leiden,
damit unser ganzes Leben ganz Gott geweiht ist.
Unser Ja zum Gekreuzigten soll ein ‚Ja, Vater!' sein
und ein Ja zu allen, für die der Herr gekreuzigt wurde;
ein Ja auch zu dem Kreuz, das der Vater uns zuweist,
um uns mit seinem Sohn und allen seinen Kindern zu vereinen.
Lass uns ‚Amen!' und ‚Halleluja' sagen, singen und leben,
Geist der Gerechtigkeit, Geist der Liebe,
Geist des Friedens, Geist der Freude.“[172]

---

172 Wie Anm. 2, 69.